KB096090

Backpacker's
English

회화용 문법과 실전용 표현으로 익히는

배낭여행
영어회화

초판 1쇄 발행 2014년 11월 15일
초판 2쇄 발행 2015년 7월 20일

저자 곽동훈
감수 Anna Kim

펴낸이 양은하
펴낸곳 들메나무 **출판등록** 2012년 5월 31일 제396-2012-0000101호
주소 (410-816) 경기도 고양시 일산동구 백석1동 1261-6번지 201호
전화 031) 904-8640 팩스 031) 624-3727
전자우편 deulmenamu@naver.com

값 11,000원
ⓒ 곽동훈, 2014
ISBN 978-89-969042-3-6 03740

이 도서의 국립중앙도서관 출판시도서목록(CIP)은 e-CIP홈페이지(http://www.
nl.go.kr/cip.php)와 국가자료공동목록시스템(http://www.nl.go.kr/kolisnet)에서
이용하실 수 있습니다.(CIP 제어번호:2014030330)

회화용 문법과 실전용 표현으로 익히는

배낭여행 영어회화

곽동훈 지음 | Anna Kim 감수

들메나무

"Travel is fatal to prejudice, bigotry, and narrow-mindedness.
Broad, wholesome, charitable views cannot be acquired
by vegetating in one's little corner of the earth all one's lifetime."
- Mark Twain

"여행은 편견과 편협한 마음에 치명적인 것이다.
평생 지구 한구석의 좁은 공간에만 박혀 있다면
세상의 큰 흐름을 읽는 넓은 시야를 얻을 수 없다."
- 마크 트웨인

배낭여행은 전 세계 사람들과 소통하러 가는 것

배낭여행을 떠나본 적 있는 이들은 알 것이다. 배낭여행이 주는 즐거움의 절반 이상은 '커뮤니케이션'에서 온다는 것을. 특히 여행자들은 출신 국가가 어디든 간에 이국의 낯선 땅에 발을 디딘 이방인이라는 같은 입장 때문에 서로 쉽게 친해지고 즐거움을 함께 나눈다.

이곳에서 만났던 이를 다른 곳에서 우연히 또 만나는 건 너무나 흔한 일이다. 더욱 친해지면 한동안 일정을 합치기도 하고, 이성 간에는 연애 감정이 싹틀 때도 있다.

하지만 아무리 서로 호감이 있다 해도 전혀 말이 통하지 않는다면? 말이 통하지 않는 상대와는 연인은커녕 친구조차 되기 어렵다.

숙소와 교통수단을 예약하고, 식당에서 음식을 주문하고, 길을 묻는 건 쉽다. 하지만 그것만으로는 반쪽 여행이다. 교통, 숙박, 주문 등을 위한 기본적인 표현은 당연히 여기에 소개할 것이다. 하지만 그런

구경만 하는 여행은 이제 그만!

배낭여행은 전 세계 사람들과 소통하러 가는 것,

전 세계 젊은이들과 어울리러 가는 것,

대화를 통해 다른 나라 사람들의 생각과 문화를 배우러 가는 것이다.

배낭여행이야말로 영어회화 실력을 늘릴 수 있는 최고의 기회이다.

내용이 들어 있는 책은 서점에 널렸다. 이 책은 그것을 넘어서는 커뮤니케이션을 위한 책이다.

배낭여행은 구경하러 가는 것이 아니라 전 세계 사람들과 소통하러 가는 것, 전 세계인들과 어울리러 가는 것, 대화를 통해 다른 나라 사람들의 생각과 문화를 배우러 가는 것이다.

필자는 이 책에서 영어회화를 구사하기 위해서는 꼭 공부해야 할 문법과 꼭 연습해야 할 발음, 정말 다양하게 써먹을 수 있는 쉬운 동사 및 상황에 따라 써먹기 좋은 문장 등을 강의할 것이다. 이 모든 내용은 오직 한 가지 목표, '세계인들과의 커뮤니케이션'을 위해 만들어졌다. 고등학교를 졸업한 보통의 한국인이 이 책 한 권을 꼼꼼히 읽는다면, 적어도 배낭여행 중에 만날 수 있는 다양한 상황에서 영어를 쓰는 현지인이나 다른 여행자들과 기본적인 의사소통은 가능하다고 본다.

배낭여행을 처음 떠나는 사람은 당연히 이 책을 한 번 읽은 다음 배낭에 넣어 떠나는 게 좋다. 배낭여행 경험은 있으나 갈 때마다 외톨이처럼 혼자 다니면서 외국인들과 별 교류가 없었던 사람도 당연히 이 책을 읽어야 한다. 외국까지 가서 한국 사람들끼리만 어울리다가 오는 사람도 물론 읽어야 한다. 배낭여행이야말로 영어회화 실력을 늘릴 수 있는 최고의 기회다. 실제로 배낭여행만 한 번 했을 뿐인데 영어 실력이 확 늘어서 오는 사람들이 꽤 있다.

세계를 만나는 일은 정말 재미있다.

여러분은 이제까지 알지 못했던 다른 세상을 만나러 가는 것이다.

아시아인, 흑인, 백인, 크리스천, 무슬림, 불교 신자들과 만나고,

조각 같은 미남, 엘프 같은 미인과 이야기하러 가는 것이다.

어찌 재미가 없을 수 있겠는가.

그러니 부담 없이 '재미'로 읽어주시라.

세계를 만나는 일은 정말 재미있다. 독자 여러분은 이제까지 알지 못했던 다른 세상을 만나러 가는 것이다. 각 지역에서 온 다른 사람들, 즉 아시아인, 흑인, 백인, 크리스천, 무슬림, 불교 신자들과 만나고, TV나 영화에서만 보던 조각 같은 미남, 엘프 같은 미인과 이야기하러 가는 것이다. 어찌 재미가 없을 수 있겠는가.

그러니 부담 없이 '재미'로 읽어주시라. 심심할 때마다 한 번씩 책을 펴봐도 된다. 여행을 준비하는 기간 동안에는 전철에서, 버스에서, 학교 벤치에서 읽고, 여행 중에도 역시 버스에서, 기차에서, 비행기에서, 숙소에서 읽어주시라. 주변에 사람이 없다면 단어와 문장을 읽을 때 상황을 상상하면서 발음해보면 더욱 좋다.

끝으로 한 가지 덧붙일 말이 있다. 이 책은 배낭여행 가이드가 아니다. 배낭여행을 준비하는 이들을 염두에 두고 쓰긴 했지만 어디까지나 '영어회화'책이라고 할 수 있다. 그러니 여행지에 관한 정보는 독자 여러분이 직접 알아보시는 게 좋겠다. ^^

마지막으로 이번에도 감수를 도와준 오랜 벗 Anna에게 이 자리를 빌려 감사의 말을 전한다.

2014년 11월
곽동훈

CONTENTS

PART 2 발음을 어떻게 할 것인가?

PART 3 초보를 위한 필수 기본회화 스킬

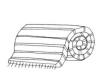

PART 4 진짜 꼭 알아야 할 단어와 표현들

PART 5 실전 여행 회화

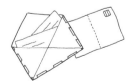

PART 1

영어회화를
위한
기본 문법

01

영어식으로 생각하고
말하는 문법

회화용 문법은 따로 있다

회화 공부는 문법 공부와는 다르다고 하지만 영어 문법을 전혀 모른다면 기본적인 회화에도 제한이 많다. 영어 '상용 표현'의 기초에는 분명히 영어 '문법'이 존재하기 때문이다. 문법을 모른 채 '표현'만 익힌다면 일상생활의 간단한 실용 회화는 가능하겠지만 내실 있는 '커뮤니케이션'은 불가능하다.

소위 '네이티브'들은 어려서부터 자연스럽게 몸으로 문법을 체득하지만, 외국어로 영어를 대하는 우리는 영어 문법을 따로 공부해야만 한다. 하지만 어느 세월에 그 두꺼운 문법서를 달달 외우고 있나. 한 달 후면 여행을 떠나야 하는데 말이다.

그러나 너무 걱정하지 마시라. 영어회화를 하기 위해 무슨 '종합영어' 문법서를 달달 외울 필요는 전혀 없다. 그거 다 외워도 회화에 별

도움도 안 될뿐더러 회화용 핵심 문법은 따로 있다. 필자가 가르쳐 주는 핵심적인 문법 사항들만 이해하고 있어도 배낭여행 영어회화에는 충분하다. 네이티브처럼 잘하지는 못하더라도 어디 가서 회화만큼은 좀 한다는 소리를 들을 수 있을 것이다. 아시다시피 영어회화 좀 하는 건, 전혀 못하는 것과는 천지 차이가 있다.

문법이라면 이미 달달 꿰고 있는 독자라면 앞부분이 좀 지루할 수도 있다. 하지만 이 책은 영어회화에 자신이 전혀 없는 '초보'부터 보라고 만든 책이니까 그 점 양해하시기 바란다. 그리고 문법은 자신이 있는데 회화는 영 젬병이신 분이라면 문법 파트를 꼭 읽어두는 게 좋다. 알고 있는 문법 지식을 회화 실력으로 바꾸는 방법이 들어 있기 때문이다.

그럼, 지금부터 우주에서 가장 쉬운 방식으로 영어회화에 꼭 필요한 영어 문법을 설명해드릴 터이니, 긴장하지 마시고 천천히 읽어주시기 바란다.

영어는 말하는 순서가 한국어와 다르다

"그걸 누가 모르나!"라고 반문할 독자가 있을 것이다. 물론 중학교만 나와도, 아니 요즘은 초등학교 들어가기 전에 이미 다 아는 사실이다. 우리는,

난 널 사랑해.

라고 말하지만 영어에서는,

I love you. 나는 사랑해 너를

라고 말하지 않는가.

그런데 이렇듯 '영어는 한국어와 말하는 순서가 다르다'는 자명한 사실이 무지무지 중요하다. 말하는 순서가 달라지면서 '생각하는 방식'도 달라지기 때문이다. 참고로,

우리는 언어로 사고한다.

'우리는 언어로 사고한다'라… 무슨 말인지 모르겠다고? 글자 그대로다. 우리는 언어라는 도구로 생각한다. 지금 무슨 생각이든지 머리에 떠올려보라. 그 생각은 언어로 구성되어 있다. 한국어든, 영어든 머릿속에 떠올리지 않고는 생각할 수가 없다. 물론 '생각'이란 것을

어떻게 정의하느냐에 따라 100%는 아닐 수 있지만, 어쨌든 적어도 99.9% 이상의 생각은 '언어'로 할 수밖에 없다.

우리의 사고 능력은 우리의 언어 능력에 의해 결정되고 제한된다. 그래서 언어학자들은 언어를 '사고의 집'이자 '사고의 감옥'이라고 표현하는 것이다. 따라서 언어가 다르면 사고방식도 달라진다.

"나는 너를 사랑해"라고 말하는 인간과 "나는 사랑해 너를"이라고 말하는 인간의 사고방식은 근본적으로 다를 수밖에 없다. 그리고 전자가 후자의 언어를 배우려면 후자의 사고방식을 본받을 필요는 없지만, 적어도 그것을 이해하는 게 필요하다. 그래서 외국어를 배울 때는 그 나라의 문화도 함께 배우라는 말을 하는 것이다.

어쨌거나 이 자명한 사실, '영어는 한국어와 말하는 순서가 다르다' 는 사실 하나를 명확하게 인식하는 것이 분사 구문이니, 관계대명사니 하는 문법 사항들을 외우는 것보다 더 중요하다. 우리가 흔히 듣는 "영어식으로 생각하라"는 말이, 결국 영어의 말하는 순서대로 생각하라는 뜻 아닌가. "난 널 사랑해"가 아니라 "난 사랑해 너를!", 적어도 영어를 말할 때는 이 순서로 생각하란 말이다. 이것이 영어식으로 생각하고 영어권의 사고방식을 이해하는 첫걸음이다.

그리고 다행히도 영어의 말하는 순서는 '문의 5형식'이라는 이름의 문법 사항으로 정리되어 있다.

문의 5형식

문의 5형식이란 다음의 다섯 가지 문장 형태를 말한다.

❶ 주어 + 동사

❷ 주어 + 동사 + 보어

❸ 주어 + 동사 + 목적어

❹ 주어 + 동사 + 목적어 + 목적어

❺ 주어 + 동사 + 목적어 + 보어

너무 쉽다. 주어 다음에 동사가 오고, 그다음에는 목적어나 보어가 온다. 때로는 목적어가 두 번 올 때도 있다.

이렇게 간단하다고? 아마 예전에 배운 건 이것보다 좀 더 복잡했을 것이다. 자동사/타동사, 주격 보어/목적격 보어, 직접 목적어/간접 목적어 등의 복잡한 분류가 들어 있는 게 옛날 버전이다. 지금 당신 이 소장하고 있는 문법책도 이 복잡한 분류를 하고 있을 것이다.

하지만 우리는 그 정도까지 구분할 만큼 문법적으로 민감하지 않아 도 된다. 그냥 그런 게 있구나… 하는 정도로 넘어가시라. 다만 당신 이 소장하고 있는 문법책에 나오는 예문들만큼은 읽어보면 좋겠다.

하여튼 영어의 '말하는 순서'는 무지 중요하므로 여기서 다시 한 번 간단하게나마 '문의 5형식'을 되짚고 넘어가자.

1형식은 주어 + 동사

A dog barks.

같은 문장이다. 다시 말해 "개가 짖는다"고 하면 1형식이다. 이건 한국어와 순서가 같다. 더 쉬운 문장으로 연습해보자.

I go.

물론 아시겠지만 "내가 간다"는 뜻이다. 한국어와 순서가 똑같으니 얼마나 좋은가. 영어 생초보도 1형식 영어 문장만큼은 얼마든지 쉽게 구사할 수 있을 것이다. 이를테면,

You know.
He comes.
They run.
I pay.

실제로 영어회화를 하다 보면 의외로 1형식 문장을 말할 기회가 많다. 여행 중 만난 예쁜 외국 여성과 데이트하는 남성이라면, 식사가 끝난 다음에 지갑을 꺼내려는 상대를 팔로 막으며 저절로 "I pay(내가 낼게)"란 말이 나올지도 모른다.

2형식은 주어 + 동사 + 보어

I am a Korean.

I가 주어, be동사인 am이 동사, a Korean이 보어이다. 주어와 동사는 무슨 뜻인지 알겠지만 '보어'란 말은 좀 어렵다. 보어(補語), 즉 '보충하는 말'이라고 생각하면 된다. 물론 뜻을 까먹어도 된다. 영어의 말하는 순서는 저렇다는 걸 기억하는 게 더 중요하다.

하여튼 "I am a Korean". 이 문장, 너무 쉽지 않은가? 중졸자만 되어도 거의 다 이해하는 문장이다. 그러나… 한국 사람 입장에선 사실 굉장히 이상한 문장이기도 하다.

I am a Korean.
나는 이다 한국 사람

우리말과 순서가 너무 다르지 않은가. 그러고 보니 '이다'가 영어에선 동사란 것도 좀 괴상망측하다. 그러나 어쩌겠는가. 이것이 영어의 말하는 순서이고, be가 영어의 동사 중 하나라는 걸 인정하는 수밖에. 일단 다음을 읽어보자.

I'm a Korean.
She is an American.
I'm a boy.

She's a girl.

They are tall.

We are hungry.

보어로는 명사도 오고, 형용사도 온다. 대명사가 와도 되지만 드문 경우이다.

잠깐! 여기서 '보어는 명사, 형용사, 대명사…' 이렇게 외울 필요는 전혀 없다. 영어의 말하는 순서는 '주어 + 동사' 정도만 확실하게 알고 있어도 충분하다. '보어는 ○○'라고 외우는 대신에 문장을 자꾸 읽어보고, 비슷한 문장을 직접 만들어보시라. 그게 백 번 낫다.

3형식은 주어 + 동사 + 목적어

I love you.

앞서 나왔던 '난 널 사랑해'가 전형적인 3형식 문장이다. 다시 말하지만 여기서 '3형식'이란 이름은 전혀 중요하지 않다. 영어 사용자들은 "난 널 사랑해" 대신 "난 사랑해 너를"이라고 말한다는 사실이 중요하단 말이다.

여기서 잠깐! 다시 한 번 강조하지만 1~5형식을 다 외울 필요조차 없다. 이런 게 있었다고 기억하고 넘어가는 걸로 충분하다. 꼭 한 가지 외워야 할 게 있다면, 그건 영어에서 말하는 순서는,

주어 + 동사

라는 것뿐이다.

1~5형식까지 조금씩 달라지지만 어떤 문장이건 주어 다음에 동사가 나오는 건 변함이 없다. 물론 한국어와 마찬가지로 영어에서도 실생활 속에서는 주어를 생략하며 말할 때가 많지만, 그래도 우리보다는 영어 사용자들이 나(I)나, 너(You), 우리(We), 그들(They)을 주어로 말할 때가 훨씬 많을 것이다. 이건 확실히 영어라는 언어의 특징으로 봐도 좋다.

우리말 "무지 배고파요"를 영어로 말할 때, 영어 사용자라면 아마 "I'm very hungry" 정도로 말할 것이다. 우리말 쪽이 주어를 빼먹는 경우가 더 많다는 뜻이다. 물론 영어권에서도 누군가 인상을 찌푸리면서 "Very hungry"라고 말하면 그 사람이 배고픈 줄 안다. 하지만 영어 사용자들은 우리보다는 습관적으로 'I'm' 정도의 말을 더 많이 사용하는 것이다. 영어 공부하는 우리 역시 습관적으로 '아이 엠' 혹은 '암(I'm)' 하면서 회화 연습을 해두는 게 좋다.

하여튼 실제 회화에서 주어 + 동사 다음에 목적어가 오는 문장을 쓸 일은 무지무지 많다.

I love you.
She hates me.
He left me.
They told me.

물론 주어, 동사 다음에 목적어가 나온다는 사실을 까먹어도 전혀 상관없다.
사랑하는 여인을 앞에 두고 **I love** 다음에 **you**를 말해야 한다는 걸 모르는 바보라면 이 책을 읽을 필요조차 없다. 현장에서는 그만큼 자연스럽게 나온다는 말이다. 그게 자연스럽게 나오지 않는다면, 그건 본인의 지적 능력이 아니라 담력을 의심해야 하는 것이다.

The brave deserve the fair.

앞의 3형식 문장은 "용감한 자가 미인을 얻는다"는 뜻이다. 그런데 이는 영어회화에도 어느 정도 적용되는 속담이라고 생각한다. 정말이지 겁이 지나치게 많으면 영어회화를 배우기 어렵다. 언어는 시험이 아니라 커뮤니케이션 수단일 뿐이다. 대화를 시험으로 받아들이고 틀릴까봐 겁먹고 있으면 외국어로 말하는 게 정말 어려워진다.

분명히 기억해두시라. 말하는 건 시험이 아니다. 아무리 학교에서 영어 시험을 많이 치고 좌절에 빠진 경험이 있다 해도, 실제로 말하는 건 시험이 아니고, 시험이어서도 안 된다. 시험은 고통스러운 것이다. 그렇지 않은가? 우리는 시험 보러 가는 게 아니라 '놀러' 가는 거다. 재미로 가는 거란 말이다. 다시 말해 틀려도 괜찮다. 아무도 성적을 매기지 않는다.

그리고 필자를 잘 따라오시면 정말 재미있게 세계인과 커뮤니케이션할 수 있다. 이 책도 의무감이 아니라, 가능하면 재미로 읽어주시라. 필자는 절대 대부분의 독자들이 이해하기 어려운 이야기를 할 생각이 없다. 지금이라도 머리가 아파온다면 당장 책을 덮어버려라.

4형식과 5형식

4형식은 주어 + 동사 + 목적어 + 목적어

5형식은 주어 + 동사 + 목적어 + 보어

역시 중요한 건 주어 다음에 동사가 온다는 것뿐이다. 굳이 사례를 들어 설명하자면,

4형식 : **He gave her a gift.** 그는 그녀에게 선물을 주었다.

5형식 : **I made my son a doctor.** 나는 아들을 의사로 만들었다.

4형식과 5형식은 이런 식으로 문장 구조가 다른데, 중요한 건 몇 형식이냐가 아니라 그 뜻이다. 그는 그녀에게 선물을 줬고, 나는 내 아들놈을 의사로 만들었다. 두 문장의 구조가 다른 이유는 둘 다 주어 + 동사가 먼저 나오지만, 4형식에서는 '그녀'에게 '선물'을 준 것이고, 5형식에서는 '아들놈'을 '의사'로 만들었기 때문이다. 다시 말해 '그녀 = 선물'이 아니지만, '아들놈 = 의사'인 것이다.

굳이 구조를 분석하자면 이렇다는 것으로, 이 역시 다 잊어버려도 된다. 꼭 알아야 할 구조가 있다면 그건,

주어 + 동사

주어 다음에 동사가 나온다는 사실, 그것 하나뿐이다. 나머지는 필요

하면 저절로 입에 붙게 되어 있다. 그런데 영어에서 주어 다음에 동사가 온다는 이 평범한 사실을 필자가 이렇게도 강조하는 이유는 뭘까? 그건,

❶ 간단한 주어 + 간단한 동사만으로도 수많은 훌륭한 회화용 문장을 완성할 수 있고,
❷ 간단한 주어 + 간단한 동사 다음에 몇 마디만 더 붙이면 더욱 훌륭한 회화용 문장을 완성할 수 있고,
❸ 무엇보다도 주어와 동사가 특별히 예외적인 경우를 제외하고는 거의 같이 붙어다닌다는 사실 하나만큼은 꼭 기억해두어야 하기 때문이다. 사실 이것이야말로 **영어 문장의 첫 번째 특징**이다.

아, 그러나 딱 한 가지만은 더 알아두어야 하는 것이 있다. '주어 + 동사'에서 동사는 크게 두 가지 종류가 있다는 사실이다.

02

조금만 알아두면 너무 편리한 조동사의 세계

can, will, may, do

보통의 동사, 그러니까 eat, go, come, bring, get, put 등 보통 우리가 쓰는 동사 대부분을 일반 동사라고 부르고, 이름처럼 일반적으로 그 냥 쓰면 된다. 그리고 이런 일반 동사들을 도와주는 동사들을 글자 그대로 '조동사'라고 부른다. 그런데 필자의 생각에는 어떤 조동사는 일반 동사를 도와주기보다는 아예 '대신'하므로 '대동사'라고 불러도 좋지 않나 싶다. 어쨌거나 어떤 조동사들이 있나 보면,

can	will	shall	must
may	do	dare	need

등이 있는데, 특히 회화에서 조동사의 활용은 무지무지 중요해서 회화를 위한 영어 문법의 두 번째 핵심이라고 해도 무방하다. '주어 + 동사'의 패턴에서 '주어 + 조동사'로 말할 경우가 너무나도 많기 때

문이다. 이중에서도 영어로 말할 때 압도적으로 많이 쓰는 조동사는 **can**, **will**, **may**, **do** 이 넷과 그 변형태들이다.

물론 독자 여러분은 이 단어들의 '뜻'은 이미 알고 있다. 다만 말할 때 제대로 써먹지 못할 뿐인 것이다. 그런데 제대로 써먹기 위해서는 조금만 더 알아야 한다. 이중에서도 특히 자주 써먹는 can부터 시작해보자.

Can you speak English?

많이 들어본 질문 아닌가? 많이 들어보았다면 그 질문을 했던 사람이 누군지도 기억나는가? 혹은 직접 듣지는 못했지만 무슨 광고지 같은 곳에서 본 질문 아닌가? 또는 지나가는 버스 광고판에서 읽었던 문장이 아닌가?

그런데 필자는 해외에서 수백 명이 넘는 낯선 외국인들과 영어로 이야기를 나누었지만,

Can you speak English?

라고 묻는 사람은 한 명도 본 적이 없다. 모두 다,

Do you speak English?

라고 물었던 것이다. 왜 그랬을까? 왜 그들은,

당신 영어 할 수 있어요?

라고 묻지 않고,

당신 영어 해요?

라고 물었을까?

가장 큰 이유는 원래 영어권에서는 그렇게 묻는 것이기 때문이다. 상대가 어떤 언어를 구사하는지 묻고 싶을 때는 보통, "Do you speak 어떤 언어?" 이렇게 묻는 것이 관행이기 때문이다.

그런데 그보다 중요한 두 번째 이유는 "Can you speak English?"는 어딘가 어색하기 때문이다. 뭐랄까, 이건 어쩐지 상대의 영어 능력을 심문하는 듯한 느낌이 든다. 이를테면 미국 현지 회사에서 한국에 파견할 직원을 인터뷰하면서 상사가 "Can you speak Korean?"이라고 묻는다고 치자. 이건,

너 정말 한국말 할 줄 알아?

정도의 느낌이다. 아무래도 처음 만난 낯선 사람에게 쓰기엔 좀 어색하고, 최악의 경우에는 실례가 될 수도 있다.

필자가 이 이야기를 하는 이유는, 우리가 실제로는 그 흔한 조동사 can의 어감도 제대로 모르는 경우가 많다는 걸 보여주기 위해서이다. 그럼에도 **can**은 정말 영어회화에서는 가장 많이 쓰는 조동사이므로 이번 기회에 확실하게 짚고 넘어가자.

I can do it

can의 가장 흔한 용법은 이렇게 '무언가를 할 수 있다'로 쓰는 것이다. 그런데 여기서 주의할 점이 하나 있다. "I can do it"에서 can은 '무언가를 할 수 있는 능력'뿐 아니라 '무언가를 하겠다는 의향'을 의미할 수 있다. 이를테면 부모님이 당신에게,

Can you do that for me?

혹은,

Can you get the paper?

라고 물었을 때, 당신이 "I can do it"이라고 대답한다면 이때의 can은 능력보다 의향을 나타나는 거라고 봐야 한다. 물론 부모님의 질문에 들어 있는 can 역시 의향의 느낌이 강하다.

어쩌면 can은 독자 여러분이 배낭을 메고 세계 이곳저곳을 돌아다니

면서 가장 많이 쓸 영어 단어 중 하나일 것이다.

열 시간이 넘는 버스 여행 끝에 낯선 거리에 내려 게스트하우스에 도착했다고 상상해보라. 빈 방이 있는지, 가격은 얼만지 묻고 마지막으로 직접 방의 상태를 확인하기 위해서 묻는 질문은 보통,

Can I see the room? 방 좀 봐도 돼요?

이때의 can은 능력도 의향도 아닌 상대의 허락을 구하는 can이다.

방이 마음에 들어 짐을 풀고, 근처에 있는 바에 들어가서 웨이트리스에게,

Can you get me a beer? 맥주 하나 주세요.

라고 묻는다면, 이때의 can은 부탁의 can이다.

무언가 느껴지지 않는가? can은 정말 오묘한 조동사이다. 우리말의 언어 감각, 문법 감각으로는 도저히 포착하기 힘든 어감을 지니고 있는 것이다.

그런데 실은 외국어란 게 원래 그렇다. 외국어 단어와 문장은 그 언어 자체의 논리에 따라 의미와 어감을 담고 있다. 다시 말해 외국어라는 게 원래부터 우리말과 1대 1로 대칭되지 않는다는 뜻이다. 그래서 번역이 어려운 것이다. 우리가 같은 의미라고 생각하는 대부분

의 단어들이 실은 100%가 아니라 80%, 90% 정도만 같은 의미일 때도 있고, 어떤 경우에는 때에 따라 의미가 바뀌는 경우도 있다.

이번의 사례인 can만 해도 그냥 '할 수 있다'라고 번역해서는, 제대로 된 이해가 불가능한 경우가 너무나 많다. 그나마 명사의 경우에는 대부분 의미가 일치한다고 봐도 되지만, 실은 명사조차도 다른 언어의 구사자들이 느끼는 어감이 조금씩 다른 것이다.

이를테면 우리말의 '돼지'와 영어의 'pig'는 완전히 같지 않다. 동물 돼지의 품종은 같은지 모르겠지만 사육 환경과 유통 과정, 돼지고기 부위별 요리 등이 다르다. '돼지고기' 하면 우리가 보통 떠올리는 부위는 '삼겹살'이겠지만, 스페인 사람은 뒷다리로 만든 '하몬(Jamon)'을 떠올릴 것이다.

우리가 어떤 사람을 향해 '돼지'라고 한다면 그건 뚱뚱한 사람을 가리키는 말이지만, 영어권에서는 '불결한 사람'이나 '남성 우월주의자'를 가리킬 때도 많다. 다시 말해 간단한 명사조차도 언어별로 어감이 다르고, 그 어감의 차이 때문에 완벽한 번역은 불가능하다.

다시 can으로 돌아가서, 우선 앞에 나온 can의 용례들 중 다음의 질문들을 입으로 한 번 말해보자.

Can you do that for me? 캔유두댓포미?
Can you get the paper? 캔유겟더페이퍼?

Can I see the room? 캐나이씨더룸?

Can you get me a beer? 캔유겟미어비어?

입으로 말하면서 어떤 어감인지 잘 생각해보시라. 아래 문장들과 비교해서 읽으면 어감이 좀 더 잘 느껴질 것이다.

Do that for me.

Get the paper.

I want to see the room.

Get me a beer.

눈치 빠른 독자는 벌써 알아챘을 것이다. 그렇다. 같은 뜻이긴 하지만 앞에 Can 어쩌고 하면 조금 더 예의 바른 문장이 된다. 그런데 여기서 우리말로 '~해줄 수 있어요?' 식으로 번역하는 습관이 있다면 당장 버리시라. 그런 뜻이 아닐뿐더러 영어는 영어 자체로 이해하려는 습관을 들여야 한다.

하여튼 **Can I**, **Can you**처럼 질문의 앞에 **can**을 넣어서 이야기하는 연습을 평소에 많이 해두는 게 좋다. 여행을 떠나면 늘 만나는 사람들이 낯선 사람들인데, 예의 바르게 말해서 나쁠 게 없지 않은가. 물론 예의 바른 표현을 하기 위해 문장의 처음이나 끝에, **please**를 붙이는 것도 좋은 방법이다. 당연히 please를 붙여서 말하는 연습도 하는 게 좋다.

그리고 한 가지만 더. 다음을 읽어보시라.

Could you do that for me? 쿠쥬두댓포미?

can의 과거형인 **could**를 써도 같은 뜻이지만, 더 예의 바른 느낌을 준다. 과거형이라고 해서 절대 "그걸 내게 해줄 수 있었니?"란 뜻이 아니다. 보통은 could가 들어가면 과거형이 맞다. 이를테면,

He could pass the exam. 그는 시험에 합격할 수 있었다.

How could you do that to me?
니가 어떻게 내게 그런 짓을 할(이미 한 것임) 수 있니?

그런데 could가 가정법 문장에 들어가면 현재형을 가리키는 수가 있는데, 사실 위의 두 문장도 가정법 속에 넣어버리면 현재를 뜻하는 말이 될 수도 있다. 그러나 이런 문법적인 자세한 메커니즘은 몰라도 된다. 중요한 건 부탁을 할 때 **Can you**(캔유) 대신 **Could you**(쿠쥬)를 쓰면 완전히 같은 뜻인데 조금, 아주 조금 더 예의 바른 느낌이 난다는 것뿐이다.

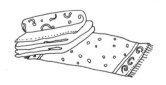

자, 다시 한 번 발음해보자.

캔유? 쿠쥬? 캔유? 쿠쥬? Can you? Could you? 캔유? 쿠쥬?

계속 발음해보시라.

물론 허락을 구하고자 할 때는 **may**를 써도 된다.

Can I see the room?

대신,

May I see the room? 메아이씨더룸?

하고 물어도 된다는 뜻이다. 그러면 상대는 당연히,

Yes, you may.

라고 대답하겠죠? 다만 아시다시피,

May you get me a beer?

는 곤란하다. 이때는 will의 과거형을 써서,

Would you get me a beer?

라고 하면 상당히 공손한 말이 된다. '우쥬, 우쥬' 하면서 외워두는 것도 좋다. 그러나 아직 영어회화에 익숙지 않은 입장에서, **may**와 **would**를 따로 외우기보다는 **can**으로 통일하는 게 편하다. 어디 가나 예의 바르게 말하고 싶을 때는 캔유, 캔아이 하면 된다. 쉽죠?

Can you speak in English?

독자 여러분은 이제 해외에서 만난 낯선 사람에게 "Can you speak English?"라고 묻지 않을 것이다. 당연히 **"Do you speak English?"**라고 묻는다. 그런데 어머나! 어떤 사람이 내게,

Can you speak in English?

라고 묻네? 갑자기 당황스럽다. 이 책의 저자가 "캔유스픽잉글리쉬?"라고 묻는 건 실례라고 했는데… 그러나 자세히 보시라. 스픽과 잉글리쉬 사이에 **in**이 들어가 있다. 이게 들어가면 뜻이 또 달라진다.

이런 문장은 상대가 영어를 구사할 수 있다는 걸 알거나 짐작 정도는 하는 상태에서 "영어로 말해달라"고 부탁하는 말이다. 이를테면 외국 관광지의 어느 가게에 들어가 종업원에게 어떤 상품에 관해 설명해달라고 했는데, 그 종업원이 (영어가 아닌) 자기 나라 말로 떠들면 그때,

Can you speak in English? 영어로 말해줄 수 있어요?

라고 묻는 것이다. 혹은 당신이 한국인 친구에게 재미있는 이야기를 해주고 있을 때, 당신이 사귄 외국 친구가 당신에게 "그거 영어로 얘기해줘" 하고 부탁하면서 "캔유스픽인잉글리쉬?"라고 말할 수 있겠지만, 실제로는 잘 일어나지 않는 일이라고 보면 된다.

하여튼 여행 다니다 보면 무언가를 부탁할 때 **Can you**, 혹은 **Can I**를 많이 써먹게 된다는 걸 기억해두자. 다시 한 번 발음해본다. 캔유, 캔아이, 캐뉴, 캐나이, 캐나이씨더룸? 캐뉴겟미어비어? 캐나이 잇디스? 캐나이이티스? 캐뉴깁미어글래숍워터? 캐뉴깁미워터? 역시 can은 보통 '부탁'이란 말이다, 부탁! 회화할 때 이거만큼 중요한 것도 드물다.

이제 can의 가장 중요한 용법에 대해서 배웠다. 적어도 여행 회화에서는 이게 가장 중요한 용법이다. 그러니 다른 건 몰라도 이것만큼은 확실하게 익혀두어야 한다. 다시 한 번 해보자. 캔유, 캔아이, 캐뉴, 캐나이, 캐나이씨더룸? 캐뉴겟미어비어? 캐나이잇디스? 캐나이이티스? 캐뉴깁미어글래숍워터? 캐뉴깁미워터?

물론 이것 외에도 알아두면 좋은 용법이 많다. 이를테면,

He can't be a Japanese. 그 녀석이 일본 사람일 리가 없어.

2012년 겨울, 필자는 태국 북부의 치앙라이란 곳에서 빈둥대고 있었다. 어둠이 내리자 단골 바에 가서 콜라를 들이켜다가(필자, 술 끊었다. ㅠㅠ), 호주 아가씨 하나와 일본인이라 주장하는 사무라이 복장의 남성, 이렇게 셋이 어울려서 이야기를 나누게 되었다.

당연히 국제 공용어인 영어로 한참 이야기하다가 필자가 그 일본인(?)에게 일본어로 몇 마디 건네보았다(자랑 같지만… 필자, 일본어도 좀 한다. -_-;;). 그런데 이넘이 무슨 말인지 전혀 못 알아듣는 것이다. 그러더니 갑자기 엄청나게 취한 척을 하면서 술집 바닥을 기어다니기 시작했다.

그 순간, '아, 이넘 사기꾼이구나!' 하는 생각이 뇌리를 꽉 스쳤다. 그래서 그넘이 화장실에 간 사이에 함께 있던 호주 아가씨에게,

He can't be a Japanese. He doesn't understand Japanese. 저넘, 일본인일 리가 없어. 일본어가 안 되거든.

라고 말해주고 자리를 떠났다. 괜히 이상한 녀석과 엮이기 싫었기 때문이다. 문제는 호주 아가씨가 여전히 그 녀석에게 호기심을 품고 그 자리에 남아 있었다는 건데… 뒷이야기는 나중에 기회 있을 때 하기로 하고! 어쨌거나 바로 이렇게 '~일 리가 없다'라고 할 때,

can't be

를 쓴다. 다시 말해,

must be 분명히 ~이다

의 반대 용법이다. 다시 한 번 읽어보자.

He can't be a Japanese.

그렇다면, "그는 일본인일 수도 있어"
는 어떻게 말해야 할까.

He may be a Japanese.

여기서 한마디!

참고로 can't be의 발음은 '캔트
비'보다는 '캐앤비'에 가깝다. 특
히 미국식 영어를 쓰는 사람들은
거의 '캐앤비' 하면서 can을 '캐
에엔' 식으로 늘여서 발음한다.
물론 우리는 그냥 '캔트비' 해도
되는데, 좀 더 확실하게 '캐앤트
비' 정도로 해주는 게 편하다.

"He can be a Japanese"도 틀린 문장은 아니지만 자주 쓰이지 않는다.
"그는 일본인이 틀림없어"는,

He must be a Japanese.

여기서 **must be**는 '확실하다', 즉 "그는 일본인인 게 확실하다"고 할
때 써야 한다. **may be**는 "일본인일 수도 있어, 아님 말고" 정도이다.

참고로 '~해야 한다'의 must는 'must buy item' 하는 식으로 우리가 자주 쓰는 말이다. 하지만 실제로 '~해야 한다'는 말을 영어로 할 때는 주로,

have to

를 쓴다. must는 굉장히 강력한 느낌의 말이라 그런지 실생활에서 쓰는 경우는 드물다. 말 나온 김에 연습해보자.

I have to go now. 아이햅투고나우.

자리를 일어서면서 "I must go" 하는 사람을 만난 기억은 없다. 거의가, "아이햅투고" 혹은,

I gotta go. 아이가라고.

라고 하면서 떠난다. 여기서 **gotta**는 **have got to**의 약자형인데 실제 대화에서 매우 자주 쓰는 중요한 표현이므로 나중에 또 추가로 설명할 것이다. 영어의 연음 때문에 대부분 "아이가라고" 정도로 발음한다. 물론 "아이브갓투고" 해도 상관은 없지만 대세는 아니다.
어쨌건 여기서는 **have to**를 입에 익히는 게 중요하다.
독자 여러분, 웬만하면 must보다는 have to를 씁시다.

I have to go. 아이햅투고.

You have to come. 유햅투컴.

He had to leave. 히햇투리브.

She has to quit smoking. 쉬해즈투큇스모오킹.

무슨 말이든 만들어서 연습해보시라.

can과 can't의 발음

앞에서 **can't be**는 '캐앤비' 정도로 발음한다고 했다. 그런데 원래 'can't'를 '캔트'로 발음해주는 경우가 많지 않다. important, continent 등 **nt**로 끝나는 다른 단어들을 기억해보시라. 특히 미국인들은 이런 경우 맨 끝의 **t**를 잘 발음해주지 않고, 대신 임포터언, 컨티네엔

여기서 한마디!

당신은 마지막에 오는 t를 발음해도 된다. 임포턴트, 컨티넨트라고 발음한다고 해서 이상하게 생각할 사람은 아무도 없다. 다만 영어권에서 이 발음을 생략할 때가 많으므로 그걸 염두에 두시라는 뜻이다.

식으로 발음을 약간 끌어주는 경향이 있다.

단어가 아니라 문장에서도 마찬가지인데, **I don't know**를 연상하면 쉽다. 모두들 "아이돈노우"라고 하지, "아이돈트노우" 하면서 고지식하게 't' 발음을 해주는 경우는 거의 없다. **twenty**의 경우도 트웨니 정도로 들리는 거 다들 아실 것이다.

하여튼 그래서 골치 아픈 경우가 **can**과 **can't**의 구별이다. 상대적으로 길게, 즉 '캐앤' 식으로 발음하면 can't고 그냥 '캔' 하면 can이라고 생각하시면 된다. 이를테면,

You can't do this to me. 유캐앤두디스투미.

"당신, 내게 이럴 수 없어" 혹은 "당신, 내게 이러면 안 돼" 정도로 해석된다. 영화를 보다 보면 자주 듣는 말이다. 그러면 보통 상대편은 비웃는 듯한 표정을 하고,

Yes, I can. 예스, 아이캔

"해도 돼"라고 대꾸해준다.

여기서 다시 한 번 짚고 넘어가자.
당신이 can't의 마지막 음 't'를 살려서 '캐앤트'라고 발음해도 아무런 문제가 없다!

여기서 한마디!
참고로 영국이나 호주에서는 can은 '캔'으로, can't는 '카안(혹은 카안트)' 정도로 발음한다. 실제로 배낭여행을 다녀보면 소위 '미국식 발음'보다는 '영국식 발음'과 기타 다양한 '외국식 발음'의 영어를 쓰는 사람들을 훨씬 더 많이 만난다. 왜냐하면 미국식 발음이란 건 미국인들과 일부 캐나다인들 외에는 거의 사용하지 않기 때문이다.

그 외의 조동사

will	shall	must	may
do	dare	need	

다들 아시겠지만 영어에는 **can** 외에도 많은 조동사들과 조동사 역할을 하는 구들이 있다. 하지만 can 하나만 제대로 익혀도 현장 회화에서 무척 도움이 된다. can을 제대로 써먹는 것과 못 써먹는 것은 하늘과 땅 차이가 있다.

그 외의 조동사들 역시 알아두어야 하고, 필요할 때는 써먹어야 한다. 한 가지 요령이 있다면 연습할 때는 항상 조동사 앞에 **I**, **you**, **he**, **she** 등의 인칭대명사 주어들을 넣어서 말해보는 것이다.

하여튼 다른 조동사들을 위해서도 조금만 더 설명을 해보자.

will은 의지, 미래 등을 나타내는 조동사이다. 그냥 쉽게 will 다음에 본인의 의지를 나타내는 동사를 쓰면 된다.

I will go to Europe! 나 유럽 갈래!

shall은 will과 비슷한 것 같은데 조금 다르다. will은 말하는 사람이 어떻게 될 것이라고 이야기하는 반면, shall은 말하는 자의 의지에 따

라 상대가 어떻게 될 거라고 할 때 쓴다. 그 쉬운 예가,

You shall die! 너 죽었어!

그런데 실제로 대화 중에 이런 의미의 shall을 쓸 기회는 별로 많지 않다. 적어도 회화에서만큼은 shall보다 더 중요한 단어가 과거형인 **should**이다. should는 **have to**의 자리에 그대로 쓰일 경우가 많기 때문이다.

I have to go. 아이햅투고오.
I should go. 아이슛고오.

You have to leave. 유햅투리이브.
You should leave. 유슛리이브.

Do I have to go? 두아이햅투고오?
Should I go? 슈다이고오?

이런 식이다. have to보다는 어감이 조금 더 강하다. 그리고 느낌상 주어가 I일 경우에는 **have**를, you나 3인칭일 경우에는 **should**를 조금 더 많이 쓴다는 느낌이 있다. 하지만 크게 차이 나는 정도는 아니니까 미세한 어감은 실제로 회화를 하면서 느껴보시라.

must는 gotta, have to, should보다 훨씬 강한 어감의 '~해야 한다'

이다. 강한 순서대로 보면 **must**, **should**, **have to**, **gotta** 정도 된다. 이보다 약한 어감의 need to도 있지만, 앞의 네 가지만 알아두어도 충분하다.

앞서도 잠깐 나왔지만, must의 두 번째 용법인 '추측'도 꽤 중요하다.

He must be a Korean. 히머슷비어코리언.

There must be a toilet around here.

데어머슷비어토일럿 어라운드히어.

그는 한국 사람이 틀림없어.

근처에 틀림없이 화장실이 있을 거야.

must be의 반대말은? 아까 배웠다. **can't be**.

He can't be a Japanese. 히캐앤비어저패니즈.

She can't be his girlfriend. 쉬캐앤비히즈걸프레엔(드).

그가 일본인일 리가 없어.

그 여자가 그 남자의 애인일 턱이 없어.

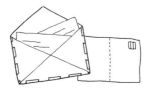

May는 **can** 대신 가끔 쓸 수 있다고 앞에서 이미 이야기했다.

Can I see the room?
Yes, you can.
May I see the room?
Yes, you may.

그 외에,

May the force be with you! 포스가 님과 함께 하기를!
(영화 〈스타워즈〉의 유명한 대사다. 이때 '포스'란 우리말로 하면 '우주의 기운'
쯤 되려나…)

식으로 쓸 때도 있고,

He may not come.
그는 안 올지도 몰라.

정도의 추측으로 쓸 때도 있다. 그러나
may란 조동사 자체가 상대적으로 사
용 빈도는 적다고 보면 된다. 물론 용
법을 다 알아두면 좋지만 부담 갖지는
말라는 뜻에서 첨언하는 것이다.

여기서 한마디!

필자는 이 책의 '문법편'에서 영
어 문법의 모든 것을 알려줄 생
각이 없다. 그러기엔 책이 너무
얇고, 여러분에겐 시간도 없다.
무엇보다 영어회화를 하기 위해
문법부터 완벽하게 마스터해야
한다면, 여러분은 영원히 회화를
할 수 없는 것이다.
그러나 분명히 회화에는 특히 자
주 필요한 문법 사항들이 있고,
그것들을 확실하게 배우고 익혀
두면 단기간에 '회화 좀 하는' 사
람이 될 수 있다. 필자는 여러분
이 그런 사람이 되는 걸 목표로
지금 열심히 떠들고 있는 것이다.

마지막으로 **do**.

왜 마지막이냐고? dare와 need는 어떡하냐고? dare와 need는 사용 빈도도 적지만 너무 분명하고 쉬운 단어이니만큼 조금 있다가 간략하게 설명하고 넘어가겠다.

그런데 do는 만만치 않다. 아시다시피 do는 '~를 한다' 외에 여러 가지 뜻의 일반 동사로도 쓰고, 모든 동사를 대신하는 조동사로도 쓰는 단어이다.

참고로 조동사 do 중 가장 유명한 do는 역시 **I do**에 나오는 do이다. 갸우뚱하는 독자들이 있을 터인데, I do는 결혼식에서 주례가 "검은 머리가 파뿌리가 되도록 열심히 사랑할 것을 결심하면서 상대를 배우자로 받아들이겠습니까?"라고 물으면 대답할 때, "I do"로 대답하기 때문에 굉장히 유명한 문장이 된 것이다. 당근 이때 질문이 "Do you ~?"라는 걸 알 수 있다.

이렇게 do는 모든 **Do you ~**의 질문에 대답할 때 가장 많이 쓴다. 여행 중 누군가 당신에게 "영어 할 줄 아냐"고 물을 때 십중팔구는,

Do you speak English?

라고 묻는다. 당신은 자신 있게,

Yes, I do. 예스, 아이두.

라고 대답하시라. 약간 꺼림칙하면 뒤에 '조금'을 붙여도 된다.

Yes, I do, a little bit. 예스, 아이두, 얼리틀빗.

혹시 다른 언어에 대해서도 물어볼지 모른다. 서양인들은 한국인이나 일본인, 중국인을 잘 구분하지 못하므로 이렇게 묻는다.

Do you speak Japanese?

물론 여러분이 일본어를 한다면 당연히 "Yes, I do" 하면 되지만 그렇지 않다면,

No, I don't 노우, 아이돈(트)

라고 대답하면 된다. 다시 말해 **do**의 부정형은 **don't**이다. 물론 do not이라고 해도 무방하지만, 사실 현실에서 그렇게 말하는 사람은 거의 없다.
어쨌거나 여기서 do는 speak를 대신하는 조동사이다.

Yes. I do.
Yes. I speak.

인 것이다. 당연한 말이지만 do는 모든 동사들을 대신할 수 있는 조동사다.

Do you swim?
Yes, I do.

Do you drink beer?
Yes, I do.

Do you think I'm pretty?
Yes, I do.

진짜 마지막으로, **dare**는 '감히'란 뜻으로 쓰는 조동사라고 생각하면 된다. 그런데 잘 안 쓴다. 특히 여행 중 쓸 일은 거의 없을 것이다.

How dare you say that to me? 어떻게 감히 내게 그런 말을?

이런 말을 쓸 기회가 있겠는가? dare란 단어가 조금 유명세를 얻었다면 그건 '진실 혹은 대담(truth or dare)'이라는 술자리 게임(drinking game) 때문일 것이다. 지목된 사람은 벌주를 마시든지, 다른 사람들이 궁금해하는 진실을 하나 털어놓거나, 다른 사람들이 시키는 대담한 짓을 하나 해야 하는 게임이다. 〈진실 혹은 대담〉은 가수 마돈나의 다큐멘터리 제목이기도 하다.

need는 아시다시피 '필요하다'란 뜻의 동사로 주로 쓴다. 조동사로 쓰이는 경우는 많지 않다.

I need water.

라는 식의 말은 많이 하지만,

I need drink water.

라고 말하는 사람은 별로 없다. 물론 문법적으로 틀린 말은 아니지만 말이다. 독자 여러분도 need를 그냥 동사로 쓰고, 혹시라도 I need 다음에 to 같은 전치사 없이 동사를 연이어 쓰는 사람을 만나면, 그냥 '실제로 그런 사람도 있구나…' 하고 넘어가시라.

03

쉽지만 무지 중요한 평서문과 의문문

다시 'I love you'

저 멀리 조동사를 지나서 다시 '난 너를 사랑해'로 돌아왔다. 여러분 중 사랑하는 이에게 고백할 때, "나는 너를 사랑해"라고 말해보신 분 있는가? 아마도 있을 것이다. 하지만 그보다는 그냥 "사랑해"라고 간단하게 말하는 경우가 더 많지 않았을까?

실제로 한국어에서는 주어를 생략하는 경우가 영어에서보다 훨씬 많다. 이유는 묻지 말아주시라. 좀 복잡한 언어학적 배경이 있지만, 우리가 여기서 언어학 공부를 하려는 건 아니니까 그저 그렇다고 알아두면 된다.

다시 **I love you**로 돌아가서, 지금은 고전이 된 〈스타워즈 시리즈〉 5편 '제국의 역습' 마지막 장면에서, 냉동되어 죽기 직전의 핸 솔로에게 레이어 공주가 한 말도,

I love you.

였다. 그러자 죽기 직전의 핸 솔로가 무뚝뚝하게 대답하기를,

I know.

여인은 "나는 당신을 사랑해요"라고 말하고, 남자는 "나는 알아"라고 대답했다고? 우리말이라면 당연히 '사랑해요', '알아' 정도였겠죠? 한국어는 영어만큼 주어를 사랑하지 않는 것이다.

이렇게 〈스타워즈〉까지 들먹이면서 '주어' 이야기를 하는 이유는? 당연히 독자 여러분도 영어회화 연습할 때 '주어'를 자주 쓰는 습관을 들이라고 권유하기 위해서다. 습관적으로 '아이엠', '아임', '(아임을 빨리 발음하면) 암', '유', '유어', '히', '히이즈', '히즈', '데이', '위'… 특히 '아이'와 '유', 그중에서도 '아이' 계열의 문장을 많이 연습해두는 게 좋다.

I am

I'm

I am not

I got

I gotta (gotta에 대해서는 나중에 보충 설명하겠다.)

I can

I can't

I will

I won't

I'd like to

I'd love to

I ain't

I do

I don't

I have

I've

I haven't

등등 좀 많긴 하다. 그래도 자꾸 쓰다 보면 입에 붙는다. 믿어보시라.

그런데 위의 I 계열 문장들의 공통점을 찾아보라면?

역시 주어 다음에 동사가 왔다는 사실이다. 장난하냐고? 장난이 아니다. 저렇게 주어 다음에 동사가 오는 문장을 우리는 보통 '평서문'이라고 부르는데, 물론 그 이름이 중요한 게 아니라 '의문문'과 대비되기 때문에 중요하다.

'의문문'이란? 당연히 무언가를 묻는 문장이 의문문이다. 그렇다면 의문문을 만드는 방법은? 원칙적으로 주어와 동사의 순서를 바꿔주면 된다. 물론 끝에다가는 보통 물음표를 붙여준다.

의문문 : 동사 + 주어 그리고 물음표(?)

Am I?

Do I?

Will I?

Have I?

Can I?

물론 부정문으로 물을 때는 not이나 not의 약자형을 붙여주면 된다. Am I not?의 약자로는 Amn't I?(앰트아이?)로 해도 되지만 보통은 Aren't I?(아안(트)아이?)라고 말한다. 이는 be동사의 미스터리 중 하나이다.

Am I not?

  = Aren't I? 아안(트)아이?

Do I not?

  = Don't I? 돈(트)아이?

Will I not?

  = Won't I? 워온(트)아이?

Have I not?

  = Haven't I 해븐(트)아이?

Can I not?

  = Can't I? 캐앤(트)아이?

물론 앞의 사례들에서 not을 그대로 쓰기보다는 약자형을 더 많이 쓴다.

의문문에서 주어는 보통 I보다는 **you**일 경우가 많을 것이다.

Aren't you? 아안추우?
Don't you? 돈추우?
Won't you? 워온추우?
Haven't you 해븐추우?
Can't you? 캐앤추우?

한국 사람이 해외 나가서 가장 많이 듣는 질문 중 하나가?

Are you a Chinese?

그다음으로 많이 듣는 질문은?

Are you a Japanese?

물론 대답은,

No, I'm not. I'm a Korean!

만약 상대가 처음부터,

Are you a Korean?

이라고 묻는다면? 당연히,

Yes, I am.

이라고 대답하면 된다.

너무 쉽다고? 쉬운 만큼 중요한 것이다. **I am**, **you are**, **I do**, **you do**, **He is**, **She does**, **They do**, **We do** 등등만 순간순간 자연스럽게 내뱉을 줄 안다면, 당신은 이미 영어회화 생초보 단계는 넘어섰다고 해도 과언이 아니다.

I am	I do	I have
You are	You do	You have
He is	He does	He has
She is	She does	She has
We are	We do	We have
They are	They do	They have
It is	It does	It has

아! 그리고, 물론 이미 다들 알고 있는 사실이겠지만 평서문도 의문문 역할을 할 때가 많다. 발음할 때 끝을 약간 올려주면 되는 것이다.

You are a Korean? 너 한국 사람이니?

이때 코리언의 '언' 자를 올려주면 된다는 말이다. 실제 대화에서는 의문문 형식의 의문문보다 평서문 형식의 의문문이 더 많을지도 모른다. 말 나온 김에 한 번 연습해보시라.

You want coffee? 커피 마실래?

I can smoke here? 여기서 담배 펴도 되나요?

It's OK to check in now? 지금 체크인해도 돼요?

주어와 동사는 붙어다닌다

이쯤 되면 또 뭔가 느껴지지 않는가?

영어에서는 주어와 동사가 항상 붙어다닌다. 사실 100%까지는 아니지만 거의 예외 없이 붙어다닌다. 평서문에서는 주어 + 동사, 의문문에서는 조동사나 be동사 + 주어의 순서로 붙어다니는 것이다. 물론 때때로,

I personally like this cat very much.

나는 개인적으로 이 고양이가 너무 좋아.

이런 식으로 주어와 동사 사이에 부사 같은 게 끼어들기도 하지만, 둘 사이를 갈라놓을 만큼 임팩트가 강하지 않다. 독자 여러분은 무조건 주어와 (조동사를 포함한) 동사는 결혼한 사이라고 이해하시면 된다.

이렇듯 주어와 동사의 결혼을 강조하는 이유는? 물론 그만큼 회화에서 중요하기 때문이다. 독자 여러분은 평서문을 말할 때 무조건,

I am / I do / I 동사

you are / you do / you 동사

he is / he does / he 동사s (3인칭 단수니까)

we are / we do / we 동사

they are / they do / they 동사

it is / it does / it 동사s …

로 말하는 버릇을 들여야 한다. 그리고 주어와 동사 사이에는 웬만하면 다른 단어를 끼워넣지 않는 게 좋다.

앞서 이야기한 대로 가끔 부사를 끼워넣을 때가 있긴 하지만, 아직 영어회화 초보 단계에서 그런 거 연습하지 마시라. 무조건 주어와 동사를 말하고 난 다음에 목적어든 부사든, 구든 절이든 넣어서 말하는 연습을 하는 게 좋다.

의문문이라면 당연히,

조동사나 be동사 + 주어

를 일단 말해놓고 시작해도 늦지 않다.

Are you··· a Japanese? 아류··· 어저패니즈?

Isn't it··· too expensive? 이즌잇··· 투익스펜십?

Are they··· from China? 알데이··· 프람차이나?

Do you··· like coffee? 두유··· 라익커피?

Don't you··· feel cold? 돈유··· 필콜(드)

Have you··· been to Korea? 해뷰··· 빈투코리아?

마지막의 Have you been to Korea? 혹은,

Have you ever been to Europe?

등의 **have been to**는 '어디 가본 적'의 의미이다. 따라서 위 두 문장의 뜻은 "한국에 가본 적 있어요?", "유럽에 가본 적 있어요?"가 된

다. 여행 중에 실제로 꽤 많이 사용하고, 꽤 많이 듣는 질문이다.

그런데 주어와 동사는 꼭 붙어다닌다고 했지만, 실제 회화에서는 앞부분의 Have you를 생략하고,

Ever been to Korea before?

라고 묻는 경우도 많다. 대답은,

Yes, I've been there once.
No, not yet.
No, I haven't been there.

정도이다. 아! 물론 아직 영어회화 초보인 독자 여러분은 웬만하면 "Have you ever been to Korea?" 식으로, 질문할 때 **have**를 넣어서 연습을 해두시는 게 좋다.

04

대명사를 자주 쓰는 언어 습관

I, you, he, she, it, they, we

영어에서는 주어를 자주 쓴다고 했다. 그런데 특히나 '회화'를 할 때 보면 그 주어란 것들이 대부분 대명사일 때가 많다. 우리는 '그가', '그놈이', '그 녀석이'라고 말하기보다는 '철수가', '영희가' 쪽을 더 자주 쓰지만 영어에서는 아무래도,

I, you, he, she, it, they, we

가 등장할 때가 많다. 영어라는 언어가 그렇고, 영어권 사람들의 언어 습관이 그렇다. 그리고 실은 대명사는 주어뿐 아니라 목적어로도 무지 자주 쓴다. 이를테면,

Give me a cup of coffee.

Get me a paper.
Give it to me.

우리말이라면 당연히,

커피 한 잔 주세요.

신문 갖다주세요.

그거 좀 줘.

이지만 영어에서는 꼭 **me**(나에게)를 끼워넣는다. 영어권 사람들은 '나에게'란 말을 하지 않으면 나에게 달라는 뜻인지 모르는 것일까? 그럴 리가… 그들의 언어가 원래 그렇게 생겨먹은 것일 터이다. 그리고 우리는 그 사람들의 언어를 배우고 있으므로 우리도 그렇게 따라하는 수밖에 없다.

말 나온 김에 연습해보자.

Give me. 김미~ 김미~ 김미~ 김미…

여행 가서 가장 자주하는 말은 결국은 나에게 뭘 '달라'는 말이다. 밥을 달라, 술을 달라, 물을 달라, 방을 달라… 결국은 '김미'를 쓰게 된다는 말이다. 김미가 입에 익을 때까지 계속 발음해보라.

하지만 실제로는 김미 앞에 '우쥬'를 붙여서 발음하는 게 좋을 때가 많다. 좀 더 예의 바르게 말해서 나쁠 게 없지 않은가?

밥 좀 주세요. 술 좀 주세요. 물 좀 주세요. 방 좀 주세요….

Would you give me some pasta?
Would you give me a bottle of beer?

부탁할 때는 우쥬(Would you)보다 더 자주 쓰는 말이 뭐라고? 그렇다. 캐뉴(can you)나 캐나이(can I).

Can you give me some pasta?
Can I have a bottle of beer?
Can I see the room?

사람들 사귈 때도 처음에는 캐나이나 캐뉴를 쓰면 예의 바른 사람으로 보인다. 심지어 "이름이 뭐예요?" 물을 때도,

Can I ask your name?

하면 왠지 양갓집 자식 같은 느낌이 든다. 때때로 터프한 사내들은,

You have a name, don't you?

라고 묻기도 하는데, 이런 표현은 술집에서 두어 번 잔을 부딪친 후에서야 통성명을 할 때 쓰는 것이다. 초보인 독자 여러분은 늘 캐나이, 캐뉴를 써도 무방하다.

"나 따라가도 돼?"라고 물을 때도,

Can I go with you?

"이메일 주소 좀 알려줄래?" 할 때도,

Can you give me your email address?

김미(give me) 대신 겐미(get me)를 쓰기도 한다.

Get me a paper.

좀 더 예의바르게,

Get me a paper, please. 겐미어페이퍼, 플리즈.

하는 방법도 있다. 자, 따라해보자. "겐미어페이퍼, 플리즈".

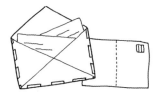

비인칭대명사 it

필자가 처음부터 주어 + 동사 이야기를 하고, 주어나 목적어 대신 쓰는 대명사를 강조하는 이유가 무엇이겠는가? 이것이 한국어와 영어가 가장 다른 부분이고, 특히 회화에서는 치명적으로 다른 부분이기 때문이다. 따라서 이 부분이 우선 입에 익지 않으면 진도 나가기 어렵단 말이다. 비인칭대명사인 **it**도 인칭대명사들 이상으로 중요하다. 다음을 읽어보시라.

거기 날씨는 어때?

서울은 지금 흐려. 곧 비가 올 것 같아.

How's the weather there?

It's cloudy in Seoul. Seems it's gonna rain soon.

질문의 한국어 어순에서 제일 뒤에 오던 '어때?'가 영어에서는 제일 앞에 와서 'how'가 되었고, 대답의 한국어에서는 '서울'과 '비'가 주어였는데, 영문에서는 비인칭대명사 'it'이 주어가 되어버렸다.

그런데 영어 초보들은 많은 경우 상대가 "거기 날씨 어때?"라고 물을 경우,

Seoul is cloudy… Seoul… looks rain soon….

식으로 대답하는 경우가 많다. 물론 이렇게 말해도 상대는 알아듣는다. 그러나 이런 문장은 영어식이 아니라 한국식 문장이다. 이렇게만 쓰면 영어회화가 늘지 않는다.

영어에서는 주어를 자주 쓰고 대명사를 많이 쓴다고 했다. 영어로 말할 때는 I, you 이상으로 it이 입에 배어야 한다. 사람 아닌 모든 것을 이야기할 때 it, 상태나 감정을 이야기할 때도 it, 때때로 사람에 대해서 이야기할 때도 it이 먼저 나갈 때가 많다. 다음을 읽어보라.

It is 이티즈(혹은 이리즈)

It's 잇쓰

짧고 간단한 문장이지만 이렇게 말을 시작하는 것에 익숙해져야 한다. 왜냐하면 독자 여러분이 영어로 말을 해야 할 때 너무나 많은 경우 **It's**란 문장으로 시작해야 하기 때문이다. 그중에서도 대표적인 경우가,

It's really nice to have you here. 네가 여기 와서 너무 좋아.

It's so hard to get the ticket. 표 구하기가 너무 어려워.

It's not easy to go there. 거기 가기가 쉽지 않네.

문법 공부 좀 한 사람이라면, '아, to부정사의 명사적 용법이구나!' 하고 당장 알아챌 것이다. 그렇다. 그 이름은 중요하지 않지만, 영어회화에서 이런 식으로 말할 때가 무지무지 많다는 건 중요하다.

'~하는 것은 ~하다'라는 표현. to부정사의 명사적 표현 중에서도,

It is ~ to ~

는 정말 무지 많이 쓰는 표현이고, 자주 쓰면 무지무지 편리한 표현
이다. 이를테면 상대에게 무언가 정말 좋다고 말하고 싶다면 일단,

It's so good… 잇쏘오굿…

하면서 말을 시작하면 된다.

It's so good… to visit the local market.
잇쏘오굿… 투비짓더로우컬마킷.

It's so good… to drink beer at night.
잇쏘오굿… 투드링비어앳나잇.

It's so good… to take massage here.
잇쏘오굿… 투테익맛사지히어.

'It is ~ to ~'를 조금 더 발전시켜 보면 그 유명한 '잇포투' 용법, 즉,

It is ~ for ~ to ~

가 나온다. 다시 말해,

It is 형용사 **+ for** 목적격 인칭대명사**(me, you, him, her, them, us) + to +** 동사

의 구조다. 이 문형은 정말정말 중요하므로 입에 꼭 익혀두시기 바란다. 아마 여러분이 제일 많이 쓰게 될 이 문형의 문장 중 하나는 다음일 것이다.

It's not easy **for** me **to** talk in English.
잇쓰나티지포미투톡인잉글리쉬.

Can you speak more slowly? 캐뉴스픽모어슬로울리?

"제가 영어로 말하는 게 쉽진 않걸랑요. 좀 천천히 말해주세요". 여행하다 보면 분명히 이렇게 말해야 할 때가 온다. 그러면 상대는 미안해하면서 말 속도를 줄이는 게 보통이다.

여기서 우리는,

'**It is ~ to ~**'와 '**It is ~ for ~ to ~**'를 '**잇투**'와 '**잇포투**' 용법이라 부르자.

이 '잇투'와 '잇포투'는 회화 중에 안 쓰는 날이 없을 정도로 많이 나올 것이다. 따라서 무엇이든 말을 만들어서 연습해두는 게 좋다.

It's very important for you to understand the usage of 'It / to' and 'It / for / to'.

It's nice to meet you.

(우리가 흔히 쓰는 "Nice to meet you"는 이것의 약자라고 볼 수 있다.)

'잇투'와 '잇포투' 연습을 끝냈다면 다시 '날씨의 it'으로 돌아가자. 영어에서는 날씨를 말할 때도 일단 **It is**부터 쓰고 보는데, 이것도 자꾸 연습해서 습관을 들이는 수밖에 없다.

It is cloudy here.

It's sunny today.

It rained yesterday.

It snows a lot now.

It's windy here.

(주의할 것! **'It winds'**라고 하지는 않는다. 대신 **'Wind blows!'**)

It's very foggy this morning.

It's already winter here.

날씨의 it 외에 감각의 it도 있다.

It tastes good!

It looks delicious!

It feels so soft!

It sounds good! (현실에선 "that sounds good!"이란 표현을 많이 쓴다.)

It smells **like** coffee.

It seems winter is coming.

감각의 it도 현실에서 매우 자주 쓰는 형태이다. "야, 이거 맛있겠다!", "이거 정말 보드라운데…", "냄새 좋은데…" 등 아무래도 여행 중에는 평소보다 이런 말을 더 많이 하기 마련이다. 감각동사 다음에 명사가 올 때는 **like**(~ 같은)를 사이에 끼워넣는 걸 잊지 마시라.

그러나 사실 감각의 it은 날씨의 it과 똑같은 용법은 아니다. 앞의 사례 중 마지막 'It seems'의 it을 제외하면 다른 it들은 일반명사나 that 등으로 치환해도 아무 문제가 없다. 또한 실제로는,

Tastes good!

Looks delicious!

Feels so soft!

식으로 아예 주어를 떼버리고 쓰는 경우가 많다. 그러니 실제 회화에서 누가 이런 식으로 말하더라도 새겨들으시면 된다.

it은 좀 이상한 대명사

글자 그대로다. 사실 **it**은 좀 이상한 대명사이다. it은 때때로 뭐랄까, 우리말의 '거시기'처럼 포괄적인 의미를 품기도 한다.

예전에 태국 친구가 악어 고기를 사주겠다고 해서 영국 친구랑 셋이서 그걸 먹으러 간 적이 있다. 그럴듯한 술집 겸 식당에서 맥주를 시키고 악어 고기 안주를 시켰는데, 나온 것은 튀김옷 입은 '돈가스' 비슷한 고기였다. 그걸 본 영국 친구 왈,

This is it? 디시즈잇?

단순히 해석하자면, "이게 그거야?"지만, 실은 "얘걔, 이게 다야?"에 가깝다.

다른 예를 들어보자. 비행기를 타고, 버스를 타고, 배를 타고 열 몇 시간이 걸려서 말로만 듣던 아름다운 섬에 도착했다. 육지에 발을 내딛으면서,

This is it?

이 말에는 "여기가 거기야?"에서 "이제 고생 다 끝난 거야?"까지 미묘한 어감이 다 들어 있다.

That's it? 댓쓰잇?

도 어감이 비슷하다. **This is it?**이 "이게 다야?"라면 **That's it?**은 "그게 다야?" 정도의 느낌이다. 이를테면 친구 녀석이 새로 사귄 여자친구와 뜨거운 데이트를 하고 왔다고 자랑하는데, 이야기를 들어보니 밥 먹고, 영화 보고, 가볍게 술 한잔 하고, 그녀의 집 앞에서 뽀뽀하고 헤어졌다면,

So, that's it? I thought there would be something more. 그래서, 그게 다야? 난 뭔가 좀 더 있을 줄 알았는데.

라고 말해주는 게 보통이다.
질문이 아니라 대답이라면?

That's it.

"맞았어, 바로 그거야" 정도의 느낌이다.

We have to get up early in the morning tomorrow. So we can't drink too much beer now, right?
우리 내일 일찍 일어나야 되니까, 지금 맥주를 너무 많이 마시면 안 되지?

That's it. That's the point. 맞아. 그게 포인트야.

우리말의 거시기가 오묘하듯이 영어의 it 역시 오묘한 단어이다.

만약 데이트 중에 여자 친구가 갑자기 얼굴이 어두워지면서 울상이
된다면, 이렇게 물을 남자들이 많다.

I've done something wrong?

"내가 뭘 잘못했니?" 그러자, 그녀의 대답은,

No, it's me, not you.

"아냐, 나 때문이야. 넌 아무 잘못 없어", 즉 "내 탓이야"라는 뜻으로
It's me"를 사용하는 건 매우매우 흔한 일이다. 그렇다면,

It's not me.

는? 당연히 "내 탓이 아니야"란 뜻이 된다. 다음과 같이 쓸 수도 있다.

It smells bad in this room. Is it me?

"이 방에서 나쁜 냄새가 나는데, 나 때문인가?", 즉 "나한테서 냄새가
나는가?"라고 묻는 것이다.

이외에도 it의 거시기한 용법들이 좀 더 있지만 이 정도만 알아두어
도 충분하다. 마지막으로 모두 다 따라해보자. 잇쓰미, 잇쓰낫미, 이
즈잇미?

최후의 대명사 one

one을 그냥 '원 투 쓰리'의 '원'으로만 알고 계시는 분도 있겠지만, 실은 it과 함께 거의 '거시기' 급으로 이런저런 용도로 다양하게 써먹을 수 있는 대명사가 바로 one이다.

This is the one.

하면 "이게 바로 그거야". 이때 one은 내가 찾던 거, 내가 네게 말했던 거, 내가 이야기했던 사람 등 뭐든지 될 수 있다.

This one is better than that one. (둘 중) 이게 저거보다 나아.
This one is best. (여러 가지 중에서) 이게 최고야.

He is the one. 그가 바로 그 사람이야.

이때 그는 내가 말하던 그 사람일 수도 있고, 내 평생의 사랑일 수도 있고, 인류를 구원할 메시아일 수도 있다.

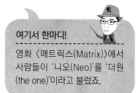

여기서 한마디!
영화 〈매트릭스(Matrix)〉에서 사람들이 '니오(Neo)'를 '더원 (the one)'이라고 불렀죠.

하여튼 이 one이라는 대명사는 의외로 자주 쓴다. 왜냐고? 자주 써먹기 좋은 대명사니까. 우선 그냥 "This(이거)"라고 하는 것보다 "**This one**"이라고 하면 좀 더 구체적인 가리킴이 된다.

시장에 가서 여러 개의 과일 중에서 '바로 이거'를 달라고 할 때, "This one"이라고 하면 의지가 좀 더 분명하게 전달되고 상대가 더 확실하게 알아듣는다. 물론 "This one and this one too, and this one and… that one too" 이런 식으로 골라도 상관은 없다.

식당에서 메뉴판을 보면서 "I'd like to eat this(이거 주세요)" 했는데 웨이터가 "Sorry, excuse me" 하면, 당신이 직접 손가락으로 글자를 가리키면서 "This one, please" 해주면 주문이 명확해진다.

05

오묘한 be동사

'이다'와 '있다'

영어 초보들에게는 동사 중에도 be동사란 넘이 최강의 적이다. 하지만 이 be동사란 넘을 정복하지 못하면 제대로 된 영어회화를 할 수 없는 것도 사실이다. 그런데 이 be동사란 넘은 참으로 오묘한 동사이다.

한국어를 쓰는 우리의 감각으로는 '~이다'라는 말을 동사로 여기기가 쉽지 않다. 우리는 보통 '~이다'를 '종결형 어미'로 이해하고 있기 때문이다. 게다가 be동사는 '~이다'란 뜻만 있는 게 아니라 '있다'라는 뜻의 멀쩡한 동사이기도 하다. 이를테면,

Are you there? 너 거기 있어?

Yes, I am. 응, 나 여기 있어.

혹은 '존재한다', '살아 있다' 등의 좀 더 무거운 의미를 지니기도 한다. 데카르트의 유명한 선언을 기억하는가?

I think, therefore I am. 나는 생각한다, 고로 존재한다.

그러나 현실에서 가장 많이 쓰는 용법은 역시 '~이다'와 '있다' 정도라고 봐야 한다. 특히 '~이다'의 용법은 인칭별로 입에 익혀두어야 무난한 회화가 가능하다. 인칭별 be동사의 변화는 중졸자 정도면 대부분 알고 있다. 다만 적시적소에서 팍팍 튀어나오지 않는 경우가있어서 좀 곤란할 뿐이다. 확인하는 차원에서 다시 한 번 읽어보자.

I am / I'm

You are / You're

He is / He's

She is / She's

We are / We're

They are / They're

It is / It's

부정형은,

I am not / I'm not

You are not / You're not / You aren't

He is not / He's not / He isn't

She is not / She's not / She isn't

We are not / We're not / We aren't

They are not / They're not / They aren't

It is not / It isn't / It's not

의문형은? be동사는 주어, 동사만 바꿔주면 된다.

Am I?

Are you?

Is he?

Is she?

Are we?

Are they?

Is it?

그런데 의문형은 별도로 쓰기보다는 대부분 부가 의문문형에서 부정형으로 많이 쓰인다. 이를테면,

He is married, isn't he?

She is so beautiful, isn't she?

They are so strong, aren't they?

We are doomed, aren't we?

It's so cold today, isn't it?

You are an idiot, aren't you?

I'm pretty smart, aren't I?

응? 맨 끝의 'I'm pretty smart' 다음에 왜 'amn't I?'가 아니라 'aren't I?' 냐고? 좋은 지적이다. 하지만 그 답은 필자도 모른다. 분명히 'amn't I?'가 문법적으로는 맞지만 1인칭의 부정형 부가 의문문에서는 **aren't I?**를 쓰는 게 '대세'로 되어 있다. 참고로 **am I not?**도 쓰인다. 긍정형에서는 또 **am I?**를 쓴다. 이를테면,

I'm not going to die, am I?

이런 식으로 쓴다는 말이다. 그래서 필자는 1인칭의 부정형 부가 의문문의 'aren't I?'를 'be동사의 미스터리'라고 부르고 있다.

be동사의 두 번째 미스터리는 **ain't**란 단어이다. 이넘은 다음과 같은 단어들을 대체한다.

ain't 에인(트) = am not

is not

are not

has not

have not

그리고 때때로 어떤 사람들은,

do not
------
does not
------
did not

대신에 'ain't'를 쓰기도 한다. 한마디로 '만능형 be동사 부정형'이다. 도대체 이 ain't란 넘이 어디서 왔는지는 의견이 분분하지만, 한 가지 분명한 것은 결코 '교양스럽게' 들리는 단어는 아니라는 사실이다. 친한 친구들끼리는 "It ain't me(이레인미). 어쩌고~" 하면서 노는 건 괜찮아도 공식적인 자리에서는 피하는 게 좋다.

이쯤에서 여러분 중에 "아니, 독자를 뭘로 보는 거냐. 아무리 영어 초보라도 I am, you are를 모를 턱이 있나?"라면서 화를 내시는 분이 나올지도 모르겠다. 하지만 이 필자, 절대로 독자들을 무시해서 이런 저런 이야기를 늘어놓는 게 아니다. 책 페이지 수 채우려고 그러는 것도 아니다. 그만큼 기초적인 것이 중요하기 때문에 be동사의 쉬운 용례부터 이야기하는 것이다.

I'm, **You're** 혹은 **I've**, **You have** 같은 정말 기초적인 구문이 필요할 때 1초의 망설임도 없이 입에서 튀어나와야 영어회화가 좀 되는 것이다. 또 옆에서 누군가 **"Isn't it?**(이즌잇?)" 혹은 **"Aren't you?**(아안튜?)"라고 물을 때,

Yes, it is! 예스, 이티즈!

No, it isn't! 노우, 이티즌!

Yes, I am! 예스, 아이엠!

No, I'm not! 노우, 암낫!

이라고 바로바로 나와주면 영어 좀 된다고 봐도 좋다. 물론,

Exactly. 바로 그거야.

No way. 그럴 리가.

등도 훌륭한 대답이 된다.

하지만 be동사가 중요한 이유는 부가 의문문 때문이 아니다. 그 진짜 이유는 'be동사는 회화에서 너무너무 광범위하게 사용되기 때문이다'. 자, 다음 문장들을 읽어보자.

He **was** a good boy.

She **is not** a teacher.

The baby **is** sleeping now.

I'm going to **be** a doctor.

The dog **was** bought by a woman.

Mark **is being** taken care of by his family.

Have you **been** to Korea?

I've **been** to Japan before.

첫 번째 문장은 평범한 평서문의 과거형이다. 물론 be동사의 과거형은 다들 알고 계실 걸로 믿는다. 간단히 짚고 넘어가는 의미에서,

I was

You were

He was

She was

We were

They were
It was

두 번째 문장 역시 전혀 어려운 점이 없다.

문제는 세 번째 문장부터인데, 여기서 be동사 **is**는 소위 '**be**동사 + **~ing**' 문형을 만들면서 sleeping의 조동사 역할을 한다.

현재 진행형은 조금, 아주 조금 복잡한 느낌이라 회화 초보 때는 잘 안 쓰지만 익숙해지면 자주 쓰는 문형이다. 그런데 이게 '~를 하고 있다'라는 뜻으로도 쓰이지만, 무엇보다도 '(이른 시간 내에)

여기서 한마디!
'현재 진행형'은 미래로도 쓸 수 있다는 게 포인트!

~을 할 것이다'라는 근미래를 뜻하는 표현으로도 쓴다. 이를테면 친구가 "Hey, come here!" 할 때 "I'm coming!" 하고 대답하면 "가고 있어"가 아니라 "곧 갈게"의 의미가 강하다. "I'm leaving here today" 하면 "나는 오늘 여기를 떠나고 있어"가 아니라 "나는 오늘 여기를 떠날 거야"이다.

또 다른 문장을 하나 보자.

I'm meeting my friends.

이 문장의 뜻이 "나는 친구들을 만나고 있다"일까? 아니면 "나는 친구들을 만날 것이다"일까? 정답은 '둘 다 맞다'이다. 그래서 뜻을 분명히 하고 싶다면,

I'm meeting my friends now.
I'm meeting my friends tomorrow.

식으로 시제를 분명히 알려주는 단어를 덧붙이면 좋다.

'be ~ing'형 중 아예 대놓고 미래를 이야기하는 단어도 있다. 바로
be going to가 그 주인공이다.

I'm going to visit Spain next week.
What are you going to do tonight?

영어 초보일 때는 미래를 이야기할 때 흔히 조동사 will을 사용하는
경우가 많지만, 실제로 영어권에서는 be going to가 더 자주 쓰인다
고 보면 된다. 비교해보시라.

What will you do tomorrow?
What are you going to do tomorrow?

확실히 뒤쪽이 더 많이 쓰인다. 다만 현실에서 말할 때는 "윗아류고
잉투두투마로우?"보다는,

What are you gonna do tomorrow? 윗아류고나두투마로우?

혹은 더 빨리 "윗츄고나두투마로우?"라고 묻기도 한다. 여기서

gonna는 going to의 약자형이다. 말 나온 김에 흔히 쓰는 약자형 몇 가지를 짚고 넘어가자.

- gonna : going to의 약자형으로 '고나'라고 읽는다. 일부러 느리게 말할 때를 제외하고는 거의 '고나'로 사용하는 경향이 있다.

- wanna : want to의 약자형으로 '워너'로 읽는다. 이 역시 매우 자주 사용한다.

- gotta : have got to의 약자형으로 '가라' 정도로 읽는다. '가타'로 읽는 경우도 있지만 드물다. want to와 have to의 중간쯤 되는 뜻이라고나 할까. 조금 어렵긴 하지만 여행을 떠난 여러분들이 앞으로 무지 많이 듣게 될 단어이다. 좀 익숙해지면 입에서 저절로 "아이가라…" 하면서 말을 시작할 것이다.

I gotta go.

하면 "나 갈게"와 "나 가야 해"의 중간쯤 된다. 이거 정말 자주 쓰는 말이니까 지금 바로 입으로 말해보시라. "아이가라고…." 다시 한 번 "아이가라고."

You gotta do what you gotta do. 넌 니가 할 일을 하면 돼.
We gotta get up early tomorrow. 우리 내일 일찍 일어나야 돼.

• tryna : trying to의 약자이고 '트라이나' 혹은 '츠라이나'라고 읽는
다. 자주 쓰는 단어는 아니지만 누가 "암 츠라이나 어쩌고" 하면 알
아들을 필요가 있다.

이를테면 그가 이렇게 말한다면,

I'm tryna get the visa of India.

이 친구는 인도 비자를 얻으려고 노력 중인 모양이다.

어쨌든 이 네 가지 약자형 중에서 가장 많이 쓰는 단어는 역시
gonna이다.

I'm gonna leave this country soon. 난 곧 이 나라를 뜰 거야.
I'm gonna make a lot of money in Australia.
난 호주에서 돈을 많이 벌 거야.

참, going to를 gonna로 바꿔 쓰면 곤란한 경우도 있다,

I'm going to France. 나는 프랑스에 가.

이 문장의 'going to'를 'gonna'로 대체할 수는 없다. 왜냐하면
'gonna' 자체에 '가다'라는 뜻은 없기 때문이다. 다시 말해 "I'm
gonna go now"는 되도 "I'm gonna school"은 안 된다. gonna는 어디

까지나 will이나 shall처럼 미래를 가리키는 조동사로만 역할한다. 왜 그러냐고? 필자도 모른다. 걔네들이 그렇게 쓰니까 그렇다고 대답할 수 있을 뿐이다.

be동사의 현재 진행형

우리말이 영어와 달라 잘 습득하기 어려운 용법들이 좀 있다. 이를 테면 이런 것도 그중 하나다.

Be nice to her.

우리말이라면 "그 여자에게 잘 대해줘", "그녀에게 잘해줘" 정도로 말하지 결코,

그녀에게 착하게 '있어'.

식으로 말하는 건 상상하기 힘들다. 그런데 영어에서는 "착하게 굴어" 하지 않고 그냥,

Be nice.

라고 말해버린다. "나는 그녀에게 잘 해주고 있어요"를 영어로 하면?

I'm **being** nice to her.

be동사의 현재 진행형이다. 이거 현실에서 써먹기 굉장히 좋은 표현이다.

He is **being** a fool now.

"그는 지금 바보같이 굴고 있어"란 뜻이다.

Stop **being** a fool!

"바보같이 굴지 마!". 여기서 being이 현재 진행형의 being이냐, 동명사의 being이냐 따지는 건 무의미하다. 그냥 영어 네이티브들이 이렇게 쓰니까 우리는 따라하면 된다.

여기서 한마디!

참! 요즘 웰빙(well-being)이니 뭐니 해서 being을 '빙'으로 쓰는 경우가 많은데, '**비잉**'이라고 길게 발음해주는 게 정석이다. Stop **being** a fool(스탑**비잉**어풀)!

수동태의 be동사

영어에서 수동태를 만들 때는 be동사 + 과거분사를 쓴다.

❶ The dog **was** bought by a woman.
❷ Mark **is being** taken care of by his family.

❶은 보통 수동태이고, ❷는 수동태의 현재 진행형이다. ❷의 경우 be동사 두 개, 즉 is와 being이 나란히 나오기 때문에 좀 혼란스러울 수 있지만, 자세히 보면 그냥 수동태를 현재 진행형화한 것에 불과 하다.

그런데 현실에서 수동태형 문장을 쓰는 경우는 위 문장 같은 동작의 표현보다는 '감정 표현'의 경우가 더 많은 듯하다. 아래 문장들을 한 번씩 읽어보시라.

I'm so bored.

I am exhausted.

I was surprised with the price.

I'm very interested in this country.

I was shocked when I heard the news.

자세히 보시면 이 문장들에서 과거분사가 모두 나(I)의 신체나 감정 상태를 표현하면서 형용사나 다름없는 역할을 하고 있음을 알 수 있다. 이런 식의 과거분사를 사용하는 감정 표현은 자주 써먹는 표현인 만큼 몇 번이고 입으로 되뇌면서 읽어둘 필요가 있다.

알고 보면 무지 쉽고 편한 been

영어 초보자들이 가장 어려워하는 be동사가 바로 **been**이 아닐까? been은 단순히 be의 과거분사형일 뿐인데 이상하게 어려워 보인다. 하지만 실은 쓰임새도 단순하고, 뜻도 단순해서 한 번 익혀두면 잘 까먹기도 힘들고, 써먹기도 쉬운 동사이다.

일단 been은 be의 과거분사로서 고유의 기능이 있다. 이를테면,

How are you?

가 "어떻게 지내?"라면 과거분사를 쓰는 완료형인,

How've you been?

은 "그동안 어떻게 지냈어?" 정도 된다.

그러나 역시 일상생활에서, 특히 여행 다니면서 가장 많이 쓰는 표현은 "~에 간 적 있니?" 할 때 쓰는 표현이다.

Have you ever been to Korea? 한국에 간 적 있니?

No, I haven't. I've been to Japan before.

아니 간 적 없어. 난 전에 일본에 간 적 있어.

여행 다니면서 가장 많이 써먹는 been의 용법은 이것이다. 좀 과장하자면 이것뿐이라고 해도 과언은 아니다. **been**은 **to**와 함께 붙어서 '간 적'이란 뜻이라고 외워도 무방하다. 즉, 'been to = 간 적'이다. 빈투, 빈투, 빈투.

"Have you ever been to Korea?"가 너무 길다고? 그렇다면 그냥,

Been to Korea before?

라고 물어라. 상대는 알아들을 것이다. 누가,

Been to Thailand?

라고 물으면 그건 당연히 "태국에 간 적 있느냐?"라는 말이다. 간 적 있으면,

Yes, I have been there.

라고 해도 되지만,

Yes. Been there.

라고 대답해도 무방하다. 간 적이 없으면,

Never been there.

너무 쉽고 간단하지 않은가? 물론,

I have been there once.
I have never been there before.

이렇게 친절하고 길게 대답해도 좋지만, 실제 회화에서 그렇게 길게 말하는 사람은 많지 않다. 여행 다니다 보면 가끔 남한이냐, 북한이냐 물은 다음,

Ever been to North Korea before?

라고 질문하는 사람들도 있다. 금강산 관광이라도 다녀왔으면,

Yes, I have. Once.

식으로 대답하면 된다. 물론 남북 관계에 대한 토론으로 이어질 것을 각오해야 한다.

06

의문사와 관계대명사, 관계부사 등

which, that, when, where, what, who, why, how, as

which, that, when, where, what, who, why, how, as 등 때로는 의문사가 되고, 때로는 관계대명사, 관계부사, 심지어 접속사, 부사 등이 되는 단어들이 몇 개 있다. 대부분의 문법책에서 기능별로 챕터를 나눠 의문사에서도 배우고, 관계대명사에서도 배운다.

what을 의문사편에서는 의문사로 배우고, 관계대명사편에서는 관계대명사로 배우는 것이다. 그러니 헷갈리기 그지없다. 때로는 이게 의문사인지 관계대명사인지 구분하느라 골머리를 싸맨다. 실제로 그런 학생을 본 적이 있다. 어떤 문장에 나온 what이 의문사인지 관계대명사인지 몰라서 답답해 죽겠다는 것이다.

그러나 영어로 말하는 사람 입장에서는 what이 의문사든 관계대명사든 무슨 상관이 있으랴. 써먹을 줄만 알면 되지. 우리는 이 단어는 이런 식으로 혹은 저런 식으로 써먹을 수 있다는 걸 알면 된다. 누가 그게 의문사냐, 관계대명사냐, 접속사냐를 묻거들랑,

What the hell, I don't give a shit. 윗더헬, 아돈기버쉿.

뭔 상관이야, 난 관심 없어.

이라고 답해주면 된다.

그래도 접속사, 의문사, 관계대명사의 개념 정도는 알아두는 게 좋다.
접속사야 글자 그대로 앞뒤 단어나 문장을 '접속'시키는,

> **여기서 한마디!**
> 아! 참고로 'shit'은 'fuck'보다는 약하지만 여전히 '욕'에 속하는 만큼 주로 친한 남성들 사이에서 쓰인다. 부드럽게 말하려면 그냥 "I don't care"나 "Who cares!" 정도가 좋다.

and 그리고

but 그러나

or 혹은

같은 단어들이다.
의문사는,

who 누가

why 왜

when 언제

where 어디서

which 어느 것을

what 무엇을

how 어떻게

했냐고 물을 때 쓰는 단어들이다.

마지막으로 관계대명사는 '접속사 + 대명사'로 설명하는 경우가 많지만 그보다는,

관계시키는 대명사

로 이해하면 편하다. 앞 단어와 뒷문장을 관계시키고, 가끔은 앞문장과 뒷문장을 관계시키기도 한다. 사실 영어회화에서 관계대명사를 쓸 일은 많지 않다. 그럼에도 불구하고 대화하면서 관계대명사를 끼워넣으면, 뭐랄까… 약간 '문어적으로' 들린다.

that은 '그거'

먼저 **that**부터 살펴보자. 우리가 흔히 아는 that의 뜻은 '그거'다.

That's right!

That's good idea!

의 '그거'. that은 주로 대화할 때 '그거'라는 뜻으로 쓰고, 관계대명사
로 쓸 때도 뜻이 비슷하다.

He wears a cap. That is made in China.
그는 모자를 쓴다. 그건 중국산이다.

He wears a cap that is made in China.
그는 중국산 모자를 쓴다.

내용상 같은 뜻이다. 그리고 자세히 보면 두 문장의 that은 같은 뜻
이다. 둘째 문장을 좀 풀어서 읽으면 '그는 모자를 하나 쓰고 있는데,
그건 중국산이다'라는 뜻 아닌가.

사실 실제 회화에서 위의 두 문장은 거의 차이가 없다. 중간에 마침
표 하나 있고 없고의 차이이기 때문이다. 말하면서 중간에 한 번 끊
어주고 말고의 차이란 말이다. 그런데 현실적으로는 별 의미 없지만
중간에 한 번 끊어주면 that이 보통 대명사이고, 안 끊어주면 관계대
명사가 된다. 문법이란 그런 것이다.

이번에는 다음 문장을 보라.

The only thing that I bought there was a scarf.

관계대명사는 바로 앞의 명사(구, 절 포함하여)와 동격이다. 이 문장에
서 that은 'the only thing'이다. "내가 거기서 유일하게 산 물건은 스카

프였다". 즉, 그 유일한 것, 그거(that), '내가 거기서 산'은 스카프였다. 이런 경우는 중간에 that이 없어도 뜻에는 변화가 없다. 그래서 생략해도 된다.

The only thing I bought there was a scarf.

전혀 문제없다. 그런데 소위 '선행사', 즉 that과 동격인 넘이 사람이 아니라 '물건'일 경우에는 **which**를 써도 된다고 되어 있다. 이 which란 넘이 평소 어떤 넘이냐 하면,

Which one do you want? (이중) 어떤 걸 원해?

Which is your backpack? This one?
어느 게 네 배낭이니? 이거?

Which language do you speak in your country?
너네 나라에선 어떤 말을 쓰니?

주로 이렇게 물을 때 쓰는 넘이다. 어느 거? 어떤 거? what으로 묻기에는 좀 꺼림칙한 거, 그런데 왜 what으로 묻기에는 꺼림칙할까? 이런 부분들이 소위 '네이티브'와 우리들의 차이다. 네이티브들은 감각적으로 이때는 which를 써서 물어봐야 한다고 '느낀다'. 하지만 우리는 그 이유를 '배워야' 한다.

결론은, '제한된 숫자의 대상들 중 선택할 때'는 **which**를 쓰고, '무제한의 대상 중 고를 때'는 **what**을 쓴다. 그러니까, 일단 둘 중 하나

를 고를 때는 무조건 which를 쓴다.

Which is better? This one or that one?
어느 게 나아? 이거 아니면 저거?

제한된 여러 개 중 하나를 고를 때도 which를 쓴다.

Which state are you from? 어느 주에서 왔니?

좀 더 쉽게 설명하자면 우리말의 '어느', '어떤 거'에 해당하는 질문일 때는 which를 쓴다고 보면 된다.
그럼 what은 어떻게 쓰는가? 간단히 말해 what은 '무엇'이다. '무엇'인가 물을 때는 what을 쓴다.

What's the matter?
What's your problem?
What can I do for you?
What do we have here?
What kind of person are you?
What time is it?
What do you want to do next?
What are you going to do tomorrow?

그러나 이론과 실전은 조금 달라서 둘 사이의 경계가 애매할 경우도 많다. 그럴 때는 역시 감각적으로 둘 중 하나를 선택하는 수밖에 없다. 또 그런 경우는 둘 중 어느 걸 써도 좋을 때가 많다. 이를테면,

What's your favorite Thai food?
Which is your favorite Thai food?

위 두 문장은 둘 다 맞다. 다만 어감이 좀 다를 뿐이다.

그건 그렇고… 참고로 한국인 영어 구사자들의 경우, 의문사로 which를 다룰 때 불편해하는 경우가 많다. 그래서 하는 말인데, 무언가 선택하는 질문일 경우에는 웬만하면 **which**를 쓰는 게 좋다. 대부분의 선택은 제한된 모집단 내의 선택이기 때문이다.

그래도 어렵다고? 그럼 한 가지만 더 예를 들어보자.

Which is your name?
Which is your phone number?

처음 만난 사람에게 이렇게 물으면 좀 이상하지 않은가? 역시,

What's your name?
What's your phone number?

가 맞다. 세상에 이름이란 건 하늘의 별처럼 많고, 새로 태어난 아이에게 세상에 없는 이름을 붙여주는 것도 가능하다. 전화번호 역시

마찬가지. 따라서 이런 질문들은 제한된 숫자 내에서 고르는 질문이 아니다. 물론 처음 만난 이성의 전화번호를 딸 때는 "Can I ask your phone number?" 하는 게 좀 더 예의 바르게 들린다.

이제 어떨 때 which를 쓰는지 감이 오실 터이다.
그런데 which를 관계대명사로 쓸 때는 어떤 때일까? 앞서 말했듯이 선행사가 사람이 아니라 물건일 경우는 which나 that 중 아무거나 써도 된다. 실제 회화에서도 둘 중 아무거나 쓰는 편이다. 어감 차이도 별로 없다.

He wears a cap which(that) is made in China.
그는 중국산 모자를 쓴다.

The only thing which(that) I bought there was a scarf. 내가 거기서 유일하게 산 물건은 스카프였다.

다만 that 대신 which를 쓸 경우 **in, to, of** 등의 전치사와 함께 쓸 수 있다는 장점이 있다.

I found a room **in which** you have everything, bathroom, fridge, air conditioner, Wi-Fi… you name it. 방을 하나 구했는데, 안에 뭐든지 다 있어. 화장실, 냉장고, 에어컨, 와이파이… 뭐든 말해봐.

which가 가진 또 하나의 장점은 앞서 나온 문장 전체를 선행사로 삼아 '그래서…' 정도의 의미로 뒷말을 이을 수 있다는 점이다.

The island is so beautiful, which is the reason so many tourists are there now.
그 섬은 무지 아름답다. 그래서 관광객들이 많다.

위 문장에서 which는 '그 섬이 무지 아름답다'는 사실 자체를 의미한다. 대충 감이 잡히시는가?
실제 대화에서 that이나 which를 이용한 관계대명사 문장을 쓰면 조금 문어적으로 들린다고 했다. 이 말은 실제 대화체에서는 잘 쓰지 않는다는 말도 된다. 하지만 누가 이런 식으로 말을 하면 적어도 알아들을 수는 있어야 한다.

선행사가 물건이 아니라 사람일 경우는 당연히 **who**를 쓴다. who는 이미 아시다시피 '누구'란 뜻의 의문사로 쓰는 단어이다.

Who are you? 너 누구니?

Who is the most famous monk in this country?
이 나라에서 제일 유명한 승려는 누구?

With who(whom) did you come here? 너 누구랑 왔니?

관계대명사로 쓸 때는 '앞에서 언급한 어떤 특정한 사람'을 가리키는 말이 된다. 그런데 자세히 보면 선행사가 사람으로 바뀌었을 뿐 that과 용법이 같다.

I met a girl who has green eyes. 난 초록 눈을 가진 소녀를 만났어.
The Russian guys who visited this temple made a huge mistake. 이 절을 방문했던 러시아 넘들은 큰 실수를 저질렀어.

역시 그렇다. **that** 쓰듯이 **who** 쓰면 된다. 어려운 점이 전혀 없다.

정말 자주 쓰는 관계대명사 what

일단 다음 문장을 읽어보시라.

What's most important right now is⋯. Take some rest.

"지금 당장 가장 중요한 것은⋯ 좀 쉬는 거야". (문법적으로 정확하게 말하려면 뒷부분을 'To take some rest'로 해야 하겠지만 회화체에서는 to

를 생략해도 무방.) 이때 what은 something that의 뜻이다. 다시 말해 what 안에는 이미 something 정도 의미의 선행사가 들어 있어서 선행사가 따로 필요 없다는 말이다. 이 what은 뒷문장 전체를 묶어서 하나의 명사처럼 쓰게 해준다. 특히 이 경우는 좀 더 특이한 것이,

What's most important?

하면 "가장 중요한 게 뭐야?"라는 의문문이다. 똑같은 문장을 '가장 중요한 것'이란 뜻의 명사형으로 쓸 수 있는 것이다. 중간에 be동사가 있어서 가능한 일이다. be동사가 아닌 일반 동사가 쓰일 때는 어떤지, 다음 문장을 보자.

What we found there was only a small noodle restaurant.

"우리가 찾은 것은 겨우 조그만 국수 가게 하나였다", 이때도 what이 뒷문장을 하나로 묶어 명사형을 만들었다. 즉,

What we found there = 우리가 거기서 찾은 것

이다. 실제 회화에서 이런 형태의 문장은 which나 that보다 더 자주 쓰이고, 실제로 익혀두면 써먹기 굉장히 편하다. 말 나온 김에 좀 더 연습해보자.

Show me what you've got now. 네가 지금 가진 걸 보여줘봐.

What made her cry was the news they told her.
그녀가 운 이유는 그들이 알려준 소식 때문이었다.

I can't understand what you said. 네가 한 말이 이해가 안 돼.

What I want to know is what they told you.
내가 알고 싶은 건 그들이 네게 말해준 거야.

이 외에도 유사 관계대명사 as, but, than 등이 있는데 회화에서는 잘 쓰지 않는다. 계약서 같은 데서나 가끔 볼 수 있을 것이다. 그래서 이 책에서 설명하기에는 지면이 좀 아깝다.

I don't know what to say

"뭐라고 말해야 할지 모르겠어". **what**을 사용하는 문장 중에 가장 흔히 쓰는 말 중 하나다. 친구를 위로하거나, 정말로 할 말이 없을 때 "I don't know what to say" 하면 그럴듯하다. 그런데 여기서 중요한 건 역시,

what to say

라는 명사구이다. 다시 말해 회화에서 '의문사 + to + 동사 원형' 형태의 명사구를 사용하는 경우는 무지무지 많다.

Can you tell me how to do it?

위 문장 중 **how to ~** 패턴도 아주 많이 본 거 아닌가. 한국인 중에서도 영어 단어 많이 쓰는 사람들 중에는 '~하는 방법'을 아예 '하우 투(how to)'라고 표현하는 걸 본 적이 있다. 하여튼 의문사 중에는 'why to ~'를 제외하고는 모두 이런 식의 표현이 가능하다. 다만 'who to ~'는 가능하긴 하지만 실제로 쓰는 경우는 많지 않다.

Did they decide when to go?
We still don't know where to stay.
He didn't tell me who to meet.
I know how to make a reservation.
She didn't decide which city to visit.

이중에서도 가장 많이 쓰는 건 **what to ~**와 **how to ~**일 것이다.

07

역시 문법보다는
말이 먼저

변칙적인 문법?

한때 국회의원을 지낸 지식인 유시민이 편역한 책 중에 『유시민과
함께 읽는 신대륙 문화 이야기』라는 긴 제목의 책이 있다. 이중 「미
국편」에서 저자는 재미있는 이야기를 한 가지 늘어놓는다. 조금만
인용해보자.

미국에서 동사로 쓰지 못하는 명사는 없다. 미국 기업의 여성 대변
인이 새로운 서비스에 대해 언급할 때 "We are trialing that now"
라고 말한다. (동사 try가 멀쩡히 살아 있는데 명사형인 trial을 다시 동사로 만드는
것이다. – 옮긴이 유시민) *비즈니스맨들은 계획에 차질이 생기면, "It's*
impacted our options." (명사 impact가 동사로 전용되었다.) – 하략 –

확실히 미국에서는 우리가 평소에 명사라고 생각하고 있었던 단어
를 동사처럼 사용하거나 동사를 명사처럼 사용하는 경우가 꽤 있다.

특히 구어체에서는 이런 일이 더 많은 것 같다. 조금만 예를 들자면,

PM(private message) me. (인터넷 채팅방에서) 내게 귓속말을 날려줘

Have a try at it. 한 번 해봐.

Give me a hug. 날 안아줘.

명사 PM이 동사로, 동사인 try와 hug가 명사로 사용되었다.

동사와 명사뿐 아니다. 오래 전(2003년 11월) 이라크에서 미군 헬리 콥터가 반군들이 쏜 미사일에 맞아 떨어졌을 때, 〈뉴욕타임즈〉에는 다음과 같은 기사가 등장했다.

The downing of the helicopter, which crashed and burned in a field outside of town, prompted celebrations from many local residents.

우리가 흔히 부사로 알고 있는 down이 여기서는 동사로 쓰였다.

여러분이 혹시 미국인(혹은 영어를 쓰는 외국인)을 만났을 때 그들이 동사를 명사처럼, 명사를 동사처럼, 혹은 품사들을 좀 헷갈리게 쓰더라도 그런가보다 하시라는 뜻에서 이런 점을 지적하고 넘어간다. 또한 여러분이 영어로 말을 하다가 막상 적당한 명사(동사)가 떠오르지 않을 때는 이런 식으로 좀 바꿔 써도 큰 무리가 없다는 점도 알려 드리고 싶다.

문법, 지나치게 신경 쓰면 병 된다

이상하게 들릴지 모르겠지만, 우리나라 사람들은 영어로 말을 할 때 '어떻게 하면 가장 어렵게 말할 수 있을까'를 연구하는 것 같다. 학교 다닐 때 문법 공부부터 먼저 하고 회화 공부를 나중에 했기 때문에 (혹은 회화 공부를 전혀 하지 않았기 때문에) 그런 것 같다. 그래서 항상 주어와 동사 다음에 목적어나 보어가 와야 되고, 의문문에서는 be동 사나 조동사가 먼저 와야 된다고 생각한다. 하지만 세상 어느 나라 사람들도 자기 나라 말을 문법에 꼭 맞게 쓰는 사람들은 없다.

실제로는 어떻게 쓰냐고? 이를테면 "이 책 네 거니?"라는 의문문을 영어로 말할 때,

Is this your book?

이 맞겠지만,

This is your book?

혹은 그 책을 가리키며,

This is yours?

혹은 정말 단순하게,

Your book?

하고 물어도 뜻은 훌륭하게 전달된다. 그 표현에 아무도 딴지 걸지 않는다.

우리말과 달리 영어에서는 주어가 생략되지 않는다고 생각하시는 분들도 있다. 하지만 천만의 말씀이다. 실제로는 많은 사람들이 주어를 생략하고 말한다. 주어가 생략되어도 뜻을 전달하는 데는 별 무리가 없는 상황에서는 당연히 그래도 된다. 이를테면,

Gotta go. 갈래.

Had lunch? 점심 먹었어?

No problem with it? 그거 문제없어?

사실 생초보들도 자주 사용하는 "Thank you"는 주어 'I'가 빠진 말 아닌가.

하여튼 필자의 요지는, 말할 때 문법 너무 신경 쓰지 말고 자신의 뜻을 아는 단어에 담으려고 노력하라는 것이다.

사실 여행 중에 만나는 사람들 중 문법에 맞는 영어를 쓰는 사람들은 많지 않다. 우리가 생각하기에 '영어와 같은 계열의 언어'를 쓰는 나라 사람들도 실은 틀린 문법의 영어를 많이 사용하고 있다. 이를테면 여행 중 알게 된 어떤 스페인 녀석이,

I am going to visit to a friend tonight.

이라고 말한다. 딱 듣는 순간 visit과 a friend 사이에 to가 들어간 게
이상하게 느껴진다. 하지만 그 녀석에게는 그게 당연할 수 있다. 왜
냐하면 스페인어 'visitar' 다음에는 영어의 to에 해당하는 전치사 a가
들어가는 경우가 많기 때문이다. 그 녀석은 스페인어로,

Yo voy a visitar a un amigo esta noche.

라는 스페인어 문장에서 단어 하나하나를 영어 단어로 치환했던 것
이다.

스페인어 알파벳은 영어와 비슷해 보이지만 스페인어 문법은 영어
문법과 좀 다르다. 다른 유럽 언어들도 대부분 겉보기엔 영어와 비
슷해 보여도 실제로는 문법이 좀 다르다. 다들 나름 공부 좀 해야 영
어로 말할 수 있는 것이다.

심지어 미국이나 영국 사람들도 늘 문법에 맞는 말만 하고 살지는
않는다. 우리도 한국어 문법을 잘 지키며 말을 하는 사람이 과연 몇
이나 될까. 참고로 두어 사례만 더 보여드리겠다.

He don't speak English.
She have no money.

딱 봐도 don't 대신 **doesn't**, have 대신 **has**를 써야 한다는 게 분명하다. 하지만 미국인들 중에도 저렇게 쓰는 사람들이 많다. 저렇게 쓴다고 나무라는 사람은 아무도 없다. 언어는 결국 '의사소통'의 문제이지 '옳고, 틀리고'의 문제가 아닌 것이다. 서로 말이 통하면 나머지 사소한 것은 그냥 넘어간다.

그러니 너무 부담 갖지 않아도 된다. 문법 틀리게 말해도 된다. 원래 틀리면서 느는 것이다. 문법 틀리는 것 자체보다도 틀릴까 걱정하는 게 더 문제다. 문법, 그거 너무 신경 쓰면 병 된다. 세계의 영어 사용자들 대부분이 매일 조금씩 틀린 문법의 영어로 잘 돌아다니고 있다. 특히 비영어권에서 온 여행자의 영어가 완벽하리라고 기대하는 사람은 아무도 없다. 열심히 영어로 말하고 다니시라.

PART 2

발음을
어떻게
할 것인가?

우리나라에서 영어회화를 공부하는 학생들을 가장 괴롭히는 문제 중 제일 큰 게 발음이라고 해도 과언은 아니다. 분명히 영어에는, 한국어에는 없는 발음들이 몇 개 있고, 한국어에 있는 발음도 네이티브들은 왠지 좀 다르게 발음하는 것 같다. 같은 말도 네이티브가 발음하면 그럴듯하고 멋있게 들리는데, 내가 하면 주변 사람들이 모두 웃고 놀릴 것 같다.

그러나… 사실 영어 초보들이 영어회화를 잘하기 위해서는 영어 발음을 배우는 것도 중요하지만, 영어 발음에 관한 우리나라 사람들의 뿌리 깊은 오해 몇 가지를 떨쳐버리는 게 꼭 필요하다.

물론 우리말에 없는 영어 발음은 배우고 연습해야 한다. 그런데 그게 의외로 많지 않다. 그리고 연습하면 결국 다 된다.

다른 영어 발음들은 한국어 발음과 조금 다른 것도 있지만 기본적으로 유사하다. 한국어 식으로 발음해도 의사소통에 지장이 없다. 사전에 나온 발음기호대로만 발음하고, 크고 분명한 목소리로 말하면 전세계 누구든 다 알아듣는다. 필자가 개인적으로 실험해보고 하는 이야기니 믿어도 좋다.

다만 한국어에 없는 발음 외에도 한국어와 영어의 차이 때문에 발생하는 사소한 발음상의 난관들은 분명히 존재한다. 하지만 필자의 설명을 듣고 조금만 연습하면 금방 극복할 수 있는 난관들이니 너무 걱정하지 마시라!

여기서 한마디!
참고로 '발음'은 영어로 'accent'라고 한다. 영어로 '발음하다'는 'pronounce'라고 하지만 '영국식 발음', '미국식 발음' 등을 말할 때는 꼭 'accent'라고 표현한다. '한국식 발음'은? 물론 Korean accent.

영어 발음의 난관,
세 가지 경우

한국 사람들이 흔히 실수하는 발음들

(1) s

s는 모음 앞에 올 때 대체로 'ㅆ' 정도로 발음된다. 그런데 우리말로 표기할 때 보통 'ㅅ'으로 표기하다 보니 초보의 경우 실수하기가 쉽다. 특히 '쌀'을 '살'로 발음하는 경상도 출신들은 더욱 어렵다.

이를테면 **sing**은 '싱'이 아니다. '씽'이다. **Sit down**은 '싯다운'이 아니라 '씻다운'이다. '싯다운'으로 발음하면 'Shit down'으로 들릴 수도 있다. '똥 싸라'는 뜻 되겠다. 실수하지 말자.

이런 발음들은 평소에 좀 연습해두는 게 좋다. 아무래도 우리들은 평소 발음하는 대로 하는 경향이 있기 때문이다. **supermarket**은 '슈퍼마켓'이 아니고 '쑤퍼마킷'이다. 당연히 **superman**은 '슈퍼맨'이 아니고 '쑤퍼맨'이다. 여자 이름인 **Sue**도 '수'가 아니라 '쑤우'로 발음한다. 어떤 이들은 이런 경우 '쑤우'보다는 '쓰우'에 가깝다고 하기도 한다.

필자가 듣기에도 미국인들은 모음 앞에 **s**가 올 때 매우 빠르게 '쓰'라는 발음을 붙이는 것 같다. 이를테면 sit(쓰잇), super(쓰우퍼), sue(쓰우) 식이다. 하지만 워낙 빨리 지나가기 때문에 유심히 듣지 않으면 알아채기 어렵다. 또 씻, 쑤퍼, 쑤우라고 발음해도 틀린 발음이라고 할 수 없고 다 알아듣는다. 그러니 미국인 발음과 비슷하게 되면 그렇게 하시고, 잘 안 된다고 하더라도 너무 심려 마시라.

(2) —

다음의 단어들을 읽어보라.

Martines
Batman

> **여기서 한마디!**
> 평소에 흔히 쓰는 영어 단어를 올바르게 발음하는 훈련을 하시라. 친구들과 이야기하다가 쑤퍼마킷, 뱃맨 식으로 말하면 놀림받을지 모르지만 습관이 되면 매우 편리하다. 영어로 이야기할 때도 자연스럽게 그 발음이 튀어나오기 때문이다.

보통 마르티네스, 배트맨이라고 쓰고, 우리나라 대부분의 사람들이 그렇게 발음한다. 하지만 한국 사람과 일본 사람들 외에는 거의가 '말티네스(표기가 좀 이상하지만 할 수 없다. 우선은 이렇게 표기하자!)', '뱃맨('밴맨'이 아님!)'이라고 발음한다. 다시 말해 'ㅡ' 발음은 묵음이다. 그런데 한글은 자음만 가지고 음절을 표시할 수 없으므로 '스', '트' 등의 표기가 생기는 것이다. 이렇게 표기하면 'ㅡ'도 아니고 'ㅜ'도 아닌 중간쯤의 모음이 발음되기 마련이다. 그 모음을 과감히 빼

버리는 연습을 하라. 평소에 '뱃맨', '말티네스' 식으로 발음해보라.

sitcom

- 씻콤 (○)
- 시트콤 (×)

David

- 데이빗 (○)
- 데이비드 (×)

(3) 말음법칙

Packman

오래전에 '팩맨'이란 게임이 있었다. 조그만 두더지 같은 것이 화면을 야금야금 파먹어가는 유치한 수준의 게임이었지만 당시에는 상당한 인기였다. 그런데 이 단어의 발음이 생각만큼 쉽지 않다.

팽맨

다들 이렇게 발음했던 것이다. 왜일까? 우리나라 말에는 '말음법칙'이라는 현상이 있다. 이를테면 '박는다'는 '방는다'로 발음된다. '학문'과 '항문'의 발음이 같은 것도 그 때문이다. 하지만 불행하게도 영어에는 이런 게 없다. 따라서 Packman은 팽맨이 아니라 팩맨이다. 그런데 팩맨을 발음해도 말음법칙 때문에 자꾸 팽맨으로 발음된다. 미치고 환장할 노릇이다. 결국 자꾸 연습하는 수밖에 없다. 다시 말해 '패ㄱ맨'으로 연습하라. 의외로 이런 단어들이 많다. big man을 빨리 발음해보라. 역시 빙맨이 되지 않는가?

Jack Nicholeson

- 잭 니콜슨 (○)
- 쟁 니콜슨 (×)

Set me free

- 쎗 미 프리 (○)
- 쎈 미 프리 (×)

차라리 '쎔미프리'로 발음하라. 빨리 발음하면서 set의 **t**가 묵음이 되는 것이다. 비슷한 경우로 **Give me**가 '김미'로 발음되는 것을 들 수 있다. 하지만 원칙적으로는 '쎗미프리', '깁미'가 맞다.

(4) 구개음화?

우리나라 말에는 구개음화란 것도 있다. 이것 때문에 '미닫이'가 '미다지'로 발음된다. 영어에도 완전히 똑같지는 않지만 비슷한 게 있다. 다음을 발음해보라.

drive

try

tree

보통 드라이브, 트라이, 트리로 발음한다. 이걸 '틀린' 발음이라고 하기는 어렵다. 하지만 보통의 미국인이라면 쥬라이브, 츄라이, 츄리에 가깝게 발음할 것이다. r 앞에 d나 t가 오면 이상하게 쥬, 츄에 가까운 발음이 된다. 우리가 꼭 이렇게 발음해야 한다기보다는 그들의 발음을 알아듣기 위해서 이 점을 명심해두자.

(5) 연음법칙

우리나라 말에는 또 연음법칙이라는 현상이 있다. '집이'가 '지비'가 되고 '끝을'이 '끄틀'로 발음되는 것이다. 영어에도 이런 연음법칙이 있다. 이를테면 "It is a book"은 "이티저북"으로 발음한다. It의 경우 앞의 I가 자주 생략되어, 이 경우 "티저북"으로 들릴 때가 많다. 심지어 쓸 때도 "'Tis a book"으로 쓰기도 한다.

연음되면서 발음이 조금씩 변하기도 한다. **What are you doing?** 은 "워타유두잉?"이라고 해도 상관없지만 미국인들은 대체로 "워라유두잉?"이라고 발음한다. 또 **Would you**는 '우쥬'로 발음된다.

한국말도 마찬가지겠지만 영어도 빨리 말할 때는 연음이 많이 되기 때문에 알아듣기 어려운 경우가 많다. 익숙해질 때까지 듣는 연습을 많이 할 수밖에 없다. 자꾸 듣다 보면 잘 들리게 된다. 특히 실제 회화에서는 걱정할 거 하나도 없다. 잘 안 들린다면 다시 물어보면 되지 않나. "Speak slowly, please". 천천히 발음하면 다 들린다.

그런데 한국말 표기의 특징 때문에 이상한 연음이 발생하는 경우가 있다. 다음을 보라.

MacArthur

우리는 보통 '맥아더'라고 쓰고 '매가더'라고 발음한다. 하지만 Mac과 Arthur는 따로 발음해야 하므로 '매카써'로 발음하는 게 맞다. (사실은 '머카아써'가 가장 유사한 발음일 것이다.)

한국말에 없는 발음

원래 한국말에 없기 때문에 따라하기 어려운 발음들이 있다. 윗니를 아랫입술에 살짝 붙이며 하는 발음인 **f**와 **v**, 윗니와 아랫니 사이에 혀를 살짝 넣었다 빼는 **th**가 대표적인 발음들이다. 이에 대해 특별한 대책은 없다. 그저 열심히 흉내 내서 배우는 수밖에…….
우리말에 있지만 원래 잘 구분하지 않기 때문에 어려운 발음도 있다. **l**과 **r**이 그렇고 **j**와 **z**가 그렇다. 역시 열심히 연습하는 수밖에 없다.

이런 어려운 발음들은 어떤 사람들은 금방 따라하는데, 또 어떤 사람들은 죽어라 연습해도 혀가 이미 굳어버려서 그런지 잘 안 된다. 하지만 이 발음들이 두려워서 영어를 못한다면 그것도 문제다. 미국에서도 틀리게 발음하는 사람들이 많지만 다 의사소통하며 지낸다. 다시 말해 사투리 정도라고 생각하라는 뜻이다. 물론 개선하려는 노력은 해야겠지만 그것 때문에 말을 못해선 곤란하다.

그건 그렇고 "왜 한국말에는 f, th 등의 발음이 없어서 이 고생일까" 하는 분이 있을지도 모르겠다. 할 수 없는 일이다. 나라마다 독특한 발음이 있고, 잘하는 발음과 못하는 발음이 있는 것이니 불평해도 소용없다. 미국인들은 우리말의 '아빠'와 '아파'를 구분하지 못하고, 아랍인들은 'ㅗ'와 'ㅜ'의 구분을 잘 못한다. 일본인들은 다들 아시다시피 받침이 붙은 발음을 거의 하지 못한다. 역시 v 발음이 안 되는 태국인들은 Seven Eleven을 '세웬일레웬' 정도로 발음한다. 우리들만 불편한 게 아니다.

생략돼서 어려운 발음

생략되기 때문에 어려운 발음들이 있다.

(1) water, international

t가 가끔 생략되는 건 누구나 아실 것이다. 미국인들은 대체로 water 는 워러, international은 이너내셔널 등으로 발음한다. 하지만 워터, 인터내셔널이 결코 틀린 발음이 아니다. 이런 경우 발음기호대로 발음해도 아무도 뭐라고 할 사람 없다. 그러니 이 경우는 너무 걱정 마시라.

(2) milk, film

입천장에 살짝 혀를 붙였다 떼는 소리 **l**도 조금 골치 아프다. 보통은 그냥 발음기호대로 '을' 정도로 발음해주면 되는데, 이게 milk나 sail 처럼 자음 앞에 오거나 단어의 마지막에 오면 거의 들릴 듯 말 듯한 음이 되어버린다.

먼저 단어 마지막에 올 경우,
sail은 '세이으-' 비슷하게 들린다.
table은 '테이보-' 비슷하게 들린다.
필자의 생각에 l 자가 끝에 오면 거의 묵음이 되면서 희미한 원순모음이 되

여기서 한마디!
원순모음이란 우리말의 'ㅗ', 'ㅜ'를 뜻한다. 발음해보면 입이 동그래져서 원순모음이라 부른다. 이렇게 되는 현상을 원순모음화라고 부른다.

어버리는 것 같다.

캐나다 교포인 내 친구 하나는 재벌을 '재보' 비슷하게 발음한다. '벌'에 있는 'ㄹ'을 영어의 l처럼 발음하는 것이다. 그래서 '재벌이'가 아니라 '재보가'라는 식으로 말한다. 영어의 l이 단어 끝에 올 때 묵음이 되면서 약간 원순모음화되는 현상이 한국어를 말할 때도 나타나는 것이다.

자음 앞에 올 경우에도 좀 이상하다. 쉽게 말해 **film**은 필름이 아니라 피음이나 핌처럼 들린다. 사전을 보면 분명히 l을 발음해야 한다고 되어 있지만 실제로는 잘 발음하지 않는다는 말이다. 호주에 사는 내 친구 하나는 쓸 때도 fim이라고 쓴다. 물론 틀린 표기인데, 이 친구는 여기 있는 l이 거의 발음이 안 되니까 쓰면서도 깜박 빠뜨리는 것이다.

이와 관련해 제일 피곤한 단어는 **milk**이다. 필자는 아무리 들어도 양키들의 milk 발음은 '미역'으로 들린다. 미역, 다시마 할 때 그 미역 말이다. 어떤 사람들은 mi(미) 다음에 l이 거의 묵음화되면서 그저 'ㅡ' 정도의 소리가 나고 끝의 k는 'ㅋ' 소리가 나므로 '미윽'으로 들린다고 하는데 필자의 귀에는 여전히 '미역'에 가깝게 들린다. 재미있는 일이다.

● 다행히 자음 앞에서 'l'을 '공식적으로' 묵음화시킨 단어들이 꽤 많다. calm이나 palm이 대표적인 예들이다.

- www.lonelyplanet.com의 게시판에서 오래전 어느 미국인이 쓴 글을 발췌했다. 밑줄 친 부분을 유심히 살펴보라.

I wonder who will win the popular vote this time?… if gee dubya wins again, I'm emigrating.

이번 선거는 누가 이길까? … 만약 <u>지 더브야</u>가 이기면 난 이민 갈 거야.

'지 더브야'는 G W란 뜻이다. 물론 조지 W. 부시를 말한다. double-u 에서 l 발음이 생략되고 u를 '야'로 발음했다.

(3) n 뒤에 오는 t

앞서 문법편에서도 이야기했지만 **n** 뒤에 오는 **t**는 거의 생략된다. I don't know를 연상하면 쉽다. important, continent 모두 끝의 t가 거의 들리지 않는다.

> **여기서 한마디!**
> 참고로 스페인어권에서 온 사람들은 대부분 끝의 t를 발음해주는 경향이 있다. 왜? 자기네 말에서 그러니까.
> 이를테면 important는 스페인어로 importante라고 쓰고 '임뽀르딴떼'라고 발음한다. 당연히 영어로 말할 때도 '임뽀르딴뜨' 하는 경우가 많겠지요.

02

나라마다 다른 발음

영어가 전 세계어인 만큼 전 세계 사람들 발음이 다 다르다. 따라서 소위 '영어권'에서 온 사람들도 발음이 천차만별이다. 뉴욕 사람과 아일랜드 사람의 발음이 다르고, (영국 식민지였고 지금도 영어를 공용어로 쓰고 있는) 인도, 파키스탄 사람과 호주 사람의 발음이 다르다. 싱가포르 영어는 아예 singlish(싱글리쉬)란 이름으로 불릴 정도로 독특한 발음과 (심지어) 문법까지 지니고 있다. (물론 이 역시 각 개인차가 더 크다. 필자는 거의 영국 사람처럼 발음하는 프랑스인도 만나봤고, TV 드라마 〈Friends〉의 배우들이 쓸 만한 영어를 구사하는 아일랜드 출신 스님 (진짜 스님!)도 만나봤다.)

제일 흔한 발음이 소위 미국식 발음과 영국식 발음인데, 이중 하나를 중심으로 공부한 사람들에게 다른 하나는 때때로 머리가 간지러울 정도로 헷갈리는 차이가 있다. 이를테면 다음 문장을 발음해보라. "너 병원에 가봐" 정도의 뜻이다.

You've got to see a doctor.

대부분의 양키들은 "유가라씨어닥터(?)"라고 발음하고, 말이 느린 일부만이 "유브갓투씨어닥터(?)" 정도로 발음할 것이다. 하지만 영국 사람의 발음은 "유브곳투씨어독토르" 비슷하게 들린다.

호주 사람들은 특이하게도 '에이'를 거의 '아이'에 가깝게 발음하는 습관이 있다. 이를테면 "That's great"를 "댓츠그라잇"이라고 하는 식이다. 따라서 오스트레일리아(Australia)는 '오스트라일리아'가 된다.

호주에서 가장 흔한 인사말은 "Good day, mate"인데 이건 당연히 "굿다이, 마잇"이 된다. 그래서 호주 사람이 "It's good today"라고 하면 'It's good to die'로 들린다는 농담이 있다. 호주 친구에게 물어보니 요즘 들어서는 대체로 도시 사람들은 미국 영어에 가까운 발음을 한단다. 하지만 시골 사람들은 여전히 "굿다이, 마잇" 하고 있다고.

필자만의 착각인지 몰라도 아일랜드 사람들은 '아이'를 '오이'로 발음하는 것 같다. 최소한 필자가 본 영화에 나오는 아일랜드 사람들은 '굿나잇'을 '굿노잇'으로 발음하고 있었다.

영어를 공용어로 쓰지 않는 나라 사람들의 영어 역시 각자 다르다. 각 개인마다 '다름'의 정도는 차이가 나겠지만 대체로 그 나라말의 성격에 따라 조금씩 다른 발음의 영어가 나오게 된다. 소위 콩글리시, 재플리시에는 한국어와 일본어의 특징이 가미되어 있는 것이다.

개인적인 기억을 더듬어보면, 여러 나라 사람들 중에서도 가장 알아듣기 힘든 발음을 하는 사람들은 프랑스인들이었다. 이유는 여러 가지가 있겠지만 그중에서도 특유의 콧소리가 나는 'r' 발음이 주원인이라고 생각한다. 이를테면 '마리아(maria)'가 '마히아'가 되고, '로즈(rose)'가 '호즈'가 된다.

앞서도 말했지만 태국인들의 영어 발음도 꽤나 특이하다. 필자는 예전에 태국어를 배우기 위해 태국 현지의 랭귀지 스쿨을 다닌 적이 있다. 우리 학급에는 미국, 영국, 스페인, 네덜란드, 러시아 등 각국에서 모인 태국어 초보 학생 열 명이 함께 수업을 들었는데, 당연히 태국인 강사는 영어로 수업을 진행했다. 그런데 문제는 이 태국인 강사분의 발음이 전형적인 태국식 발음이었던 것이다. '세븐 일레븐'을 '세웬일레웬'이라고 할 뿐 아니라, watch와 wash의 구분이 없는 발음이었다.

그럼에도 불구하고 각국에서 모인 학생들이 이 수업을 이해하는 데는 전혀 어려움이 없었다. watch의 자리에 들어갈 말을 wash로 쓴다고 그대로 받아들일 영어 구사자가 몇 명이나 있겠는가. 다들 그 정도는 새겨듣고 있는 것이다.

소위 발음이란 건 국제적인 교류에 그렇게 치명적인 요소는 못 된다. 특히 배낭족들은 당연히 서로의 발음이 다를 거라고 생각하고, 알아듣기 위해 노력하기 때문에 더욱 장애물이 못 된다.

하여튼 중요한 사실은 이거다. 전 세계 사람들이 천차만별의 발음으로 영어를 하고 있지만 서로 다 통한다는 점에 주목하라. 물론 사투리만 쓰는 경상도 사람과 전라도 사람이 이야기하면 때때로 헷갈리듯이, 다른 발음을 쓰면 조금은 불편한 구석이 있지만 그렇다고 이야기가 안 되지는 않는다. 가벼운 대화, 비즈니스, 심지어 연애까지 모두 가능하다. (특히 연애에서는 좀 다른 발음이 엑조틱하게 들리는 경향이 있다.) 그러니 독자 여러분은 자신의 발음에 대해 너무 걱정하지 마시라는 말씀이다.

제대로 된 영어를 써야 한다?

문법과 발음편을 마감하기 전에 마지막으로 배낭여행 중인 영어권 나라 사람들의 마인드를 보여주는 에피소드 하나를 소개하고 싶다.

전 세계에서 가장 인기 있는 배낭족 사이트 www.lonelyplanet.com에서 어느 영국인들(이름으로 보아 아마 여성들인 듯하다)이 다음과 같은 글을 올렸다. '통신체'인 만큼 오자와 약어가 많이 등장한다. 감안하시라!

Calling all British people! Hi We're in Koh Samui at the moment & are planning 2 go to Ko Phan Yang then 2 Phi Phi but so far we've met no poeple who can speak proper english as everyone seems to be Dutsh or from isreal. No offence at all to these people but it

would be nice 2 have a normal conversation without the language
barriers! XCXDX

Charlotte & Donna

번역하자면 다음과 같다.

영국 사람들 모여라! 안녕, 우린 지금 사무이 섬에 있어. 다음 코스로 판양 섬에 갔다가 피
피 섬으로 가려고 해. 그런데 여기 사람들은 '제대로 된' 영어를 잘 못하는 것 같아. 모두
네덜란드 아니면 이스라엘에서 온 사람들이야. 물론 그 나라 사람들 욕하는 건 아니지만
이왕이면 언어 장벽이 없는 사람들을 만나서 '정상적인' 대화를 하고 싶어라! XCXDX

샬럿과 다나

요약하자면, 태국의 사무이 섬에 갔는데 거기에 놀러온 다른 나라
사람들 영어가 좀 이상해서 재미없으므로 영국 사람들 좀 만나고 싶
다, 그런 이야기다. '말 된다'라고 생각하시는 독자가 있을지 모르겠
다. 과연 그들의 바람은 다른 여행자들에게 어떻게 받아들여졌을까?
다음을 보라.

I really hope this is a troll. Otherwise, you're giving us Brits an
extremely bad name with such lines as "Proper English". Stay
at home if you only want discussions in what you call "proper
english". It is offensive to call other people who have made the
effort to talk to us in our language, "A language barrier". Do you
speak any Dutch or Hebrew? If not, then dont just expect everyone

else to adjust themselves to you.

난 정말 니네들이 농담하는 것이었으면 좋겠다. 그렇지 않다면 너희들은 우리 영국 사람들 욕 먹이는 인간들이야. '제대로 된 영어'라고? 소위 '제대로 된 영어'로 대화하고 싶으면 그냥 집에 죽치고 있을 일이지 왜 거기까지 갔냐? 우리 언어(영어)로 말해주는 것만 해도 감지덕지해야지, '언어 장벽'이라니 뻔뻔스럽기 짝이 없다. 니네들은 네덜란드어나 헤브루어(유태인들이 쓰는 말) 할 줄 아냐? 아니라면, 딴 사람들이 다 니네들 입맛대로 해주길 바라지 마라.

며칠 동안 이런 식의 비난이 수십 개나 리플로 이어졌다. "다른 언어를 배워봐. 그럼 문제가 없을 거야", "비영어권 나라에 놀러 가서 별 기대를 다 하네", "'언어 장벽'이 있는 게 오히려 재밌지 않냐?" 등등.

당연한 반응이다. 영어 안 쓰는 나라에 가서 자기 나라에서처럼 말이 통할 것으로 생각한 이들이 잘못이다. 게다가 정황으로 보아 이들이 만난 네덜란드 사람과 이스라엘 사람이 '그들의 영어'로 이들을 응대했다면, 그 정도 해주는 것만 해도 고맙게 생각해야지 불평을 하고 있다면 욕먹어도 할 말이 없다.

그랬더니 기가 죽은 두 영국인, 변명을 하기 시작했다.

Why do people have 2 make such a big deal out of it! No i dont speak Dutch or Hebrew and I wasnt being offensive 2 anyone, i was just asking cause there arent as many British people here as i exected(아마 expected의 오자인 듯)*!*

Get a life and stop making everything into a drama!

별것도 아닌 것 가지고 왜들 그래? 난 네덜란드어나 헤브루어는 못해. 하지만 누굴 모욕하려고 한 건 아냐. 난 그냥 근처에 생각만큼 영국 사람들이 많지 않아서 물어본 거야. 정신 차려! 아무거나 쓸데없이 부풀리지 마!

하지만 이건 실수였다. 조용히 사과하고 물러났으면 될 일을 괜한 오기로 부풀린 건 바로 그녀들이었다. 당연히 네티즌들의 비난이 이어졌다. 그 리플들 중 일부를 소개해보자.

i don't think anybody ELSE needs to get a life here. if you go on a website which is all about travelling to different parts of the world to meet other people from other cultures and exchange ideas, then to ask where all the other brits are in THAILAND, i think you've got what you deserve.

여기에 정신 차려야 될 사람은 아무도 없어. 너희들이 전 세계를 돌아다니면서 다른 문화권에서 온 사람들을 만나 여러 가지 생각을 나누려고 하는 사람들을 위한 사이트에서 '태국'에 다른 영국인들이 어디 있느냐고 묻고 있으니 그런 욕 먹어도 싸지.

You speak such proper English that you can't even spell "Dutch" and "Israel". Not insulting anyone?

니네들이 그렇게 제대로 된 영어를 한다면서 '더치'와 '이스라엘' 철자들도 엉터리로 쓰냐? 그건 그 나라 사람들에 대한 모욕이 아니라고 생각하냐?

결과적으로 '제대로 된 영어' 운운했던 그들은 본전도 못 찾았다.

자, 그럼 우리는 이 사건에서 무엇을 배울 것인가? 전 세계적 기준에서 볼 때 영어 쓰지 않는 나라에 가서 영어가 잘 통하길 바라는 건 바보짓이라는 걸 배운다. 반대로 조금이라도 영어가 통하면 그걸 고맙게 생각해야 한다. 그것이 전 세계 여행자들의 일반적인 의식이고 윤리다.

PS : 만약 어떤 영어권 여행자가 이 사이트의 게시판에 "한국에 갔더니 영어가 안 통하더라"투의 불평을 늘어놓았다면 바로 다음 순간 "천하의 몹쓸 놈"이란 욕을 들을 것이다. 그러니 아무리 이런저런 신문들이 '영어가 안 통해 외국 손님들 큰 불편' 따위 제목의 기사를 내더라도 싹 무시해버리자. 쓸데없는 자격지심이다.

135

Backpacker's English

PART
3

초보를 위한
필수 기본회화
스킬

자, 이제부터 진짜로 영어로 말을 시작해보자. 주변에 영어로 같이 말할 사람이 없으면 혼자라도 연습을 시작해보자. 쉬운 것부터! 그러나 초보들의 영어회화에서는 가장 쉬운 게 가장 중요하다. 초반에 잘 배우고 익혀두면 평생 자연스럽게 써먹을 수 있다. 물론 이번 배낭여행에서는 꼭 써먹어야 한다.

01

Well··· let me see···

영어를 말해야 하는 상황에서 초보들은 몰라서라기보다는 당황해서 말을 못하는 경우가 많다. 그럴 때를 대비해서 '초보용 팁'을 하나 알려드리겠다. 주목!

다름 아닌,

Well···

이다.

무슨 말을 해야 할지 생각이 잘 안 나거들랑 심호흡을 한 번 한 다음 천천히,

Well···

천천히… 웨엘… 정도로 말하면 된다. 아시겠지만, 우리말로 하면 "에…" 정도에 해당하는 말이다. Well… 하는 동안 무슨 말을 할지 생각할 여유가 생긴다. 그래도 할 말이 생각나지 않거들랑,

Well… let me see…

하고 덧붙이면 된다.
"에… 그러니까… 내가 보건대…" 정도의 뜻이란 걸 아실 터이다.

낯선 외국인이 갑자기 말을 붙여올 때도 유용하다. 한숨 돌린 다음,

Well… let me see…

02

반사적으로 나와야 할 말

영어 초보들을 괴롭히는 단어나 문장은 사실 어렵거나 긴 것들이 아니다. 대체로 초보들은 어렵고 긴 단어 혹은 문장들을 쓸 일이 거의 없다. 아니, 영어회화를 웬만큼 잘하는 사람도 영어 회의 때라면 모를까, 평소에 어렵고 긴 단어나 문장들을 쓸 기회는 많지 않다.

이를 반대로 말하면, 쉬운 단어와 문장들을 적재적소에 활용하는 것이 영어회화의 핵심이란 뜻이다. 그리고 당신은 그 쉬운 단어와 문장들(혹은 구phrase들) 중 많은 것들을 이미 알고 있다. 당신은 그것들을 몰라서 못 써먹는 게 아니라 써먹는 연습을 안 해서 못 써먹는다.

영어로 된 글을 잘 읽고, 심지어 잘 쓰는 사람들이 영어로 말을 못하는 이유도 비슷한 이치 때문이다. 그들은 이미 영어회화에 필요한 단어(혹은 문장, 구) 지식을 충분히 가지고 있지만 활용하지 못하는 것이다.

각설하고, 쉬운 단어 혹은 문장들 중에서도 가장 쉽고 간단한 것들이 있다. 다음을 보라.

Hi.
How are you?
Fine.
Pardon me?
Thanks.
Nice to meet you.
See you later.
Take care.
OK.

등등.

필자, 여기서 농담하는 거 아니다. 독자들 놀리는 것도 아니다. 누차 말하지만 몰라서 말을 못하는 게 아니라 알아도 못하니까 문제다.

솔직해지자. 초보들은 "Hi"나 "Thank you"도 내뱉기를 두려워한다. 하지만 이런 문장들 정도는 특정 상황이 오면 반사적으로 입에서 나와야 하는 것이다. 이런 '간단하고 유치한' 문장들이 몸에 배지 않으면 영어회화는 결코 늘지 않는다. 반대로 이런 간단하고 유치한 문장들이 저절로 입에서 나오게 되면 영어회화, 정말로 쉬워진다.

지금 당장 이 문장들을 읽어보시라.

친구에게 말을 건넨다고 상상하며, **Hi~**

잘 지냈어? **How are you?**

응, 별일 없어. **I'm fine.**

뭐라구요? **Pardon me?**

고마워. **Thanks.**

만나서 반가워요. **Nice to meet you.**

또 봐~ **See you later~**

잘 지내~ **Take care~**

오케이. **OK.**

얼마나 쉬운 말들인가? 자신 있게, 또박또박, 크게(소리 지르지는 말고) 말하라.

다시 말하지만, 먼저 쉬운 말이 입에 붙지 않으면 당신의 영어회화 실력은 절대 늘지 않는다. '간단하고 유치하다고' 우습게 보지 말고 쉬운 말부터 확실하게 익혀라.

03

잘 알아듣지 못했을 때
되묻는 말

우리끼리 한국말을 쓰면서도 서로 잘 알아듣지 못할 때가 많다. 그럴 때는 "뭐라고?", "응? 다시 말해줘" 하면서 되묻는다.

우리말이 아닌 영어를 쓸 때면 잘 알아듣지 못할 때가 더 많은 게 당연하고, 그때마다 되묻는 것도 당연하다. 이때 되묻는 건 절대, 결코 잘못이 아니며 부끄러운 일도 아니고 실례도 아니다. 오히려 못 알아들었는데도 알아들은 척하는 것이 잘못이고, 최악의 경우 큰 오해를 살 수도 있다.

되물을 때는 어떤 용어를 쓰는지 다들 알고 계실 터이다. 대부분 **pardon** 계열이다. ^^ 그저 "Pardon?"해도 되고 "Pardon me?" 해도 되고, 길게 "I beg your pardon, what did you say?"라고 물어도 된다. 혹은 "Sorry?" 하고 묻는 경우도 많다. 하지만 보통은 "Pardon me?" 정도로 충분하다.

이 글을 읽는 독자 여러분들은 바로 이 문장 **"Pardon me?"**를 지금 당장 100번쯤 입으로 말해보시라. 아마 앞으로 영어를 쓸 때 당신이 가장 많이 되풀이할 문장이기 때문이다. 이 간단한 문장이 입에 익으면 영어 하기가 두 배로 쉬워진다.

자, 따라해보자. "Pardon me?"
상상하면서 다시 해보자. 상대가 뭐라고 했는데 무슨 말인지 잘 모르겠다. 반사적으로 "Pardon me?"
다시 들었는데도 잘 모르겠다. 다시 반사적으로 "Pardon me, speak slowly please."

Pardon?

Pardon me?

I beg your pardon?

Excuse me? (Pardon me? 대신 Excuse me?를 쓰기도 한다.)

What did you say?

Pardon? What did you say?

Excuse me, what did you say?

Sorry?

Sorry, what did you say?

이거, 의외로 중요하다. 좀 과장하자면, "Pardon me?"만 저절로 입에서 나와도 영어회화의 반은 된다.

04

인사를 잘하자

이미 여러분들도 알고 있을 여러 가지 인사말을 어떻게 써먹어야 할지에 대해 알아보자.

Hi!

제일 흔한 인사말이다. 아는 사이건 모르는 사이건 마구 써먹어라. 만나자마자 "**Hi!**" 하고 시작하라는 말이다.

a : Hi!
b : Hi, how are you?

"Hi" 한 다음에는,

How are you?
How are you doing?

How's it going?

등등의 안부를 묻는 말을 잊지 마시라. 이런 문장들이 그저 교과서에만 있는 안부 인사말이라고 생각했던 독자가 있다면 지금 당장 "Hi, how are you?"를 50번 정도 암송하시라. 실제로 자주 쓰는 말이다. 아니, 매일 쓰는 말이다.

다음엔 당연히,

I'm fine.
I'm good.
I'm doing good.
Good.
Not bad.

이런 말들을 쓴다. 그리고,

Hello!

"**Hello!**(헬로우)"는 Hi만큼이나 많이 쓰는 인사말이다. 아는 사람에게 뿐 아니라 모르는 사람에게도 무작위로 막 던지는 인사말이다. 같은 숙소에서 맞은편에서 오는 사람과 엇갈리며 지나갈 때도 살짝 미소 지으며 "Hello" 해보시라. 아마 상대도 "Hello" 하고 지나갈 것이다.

How are you?

역시 처음 만난 사람에게도 쓰는 말이다. 의외로 "How do you do?" 하는 사람은 거의 없다. 하지만 처음 만난 사람에게는,

Nice to meet you
Glad to meet you.
Pleased to meet you.

라고 말하는 게 보통이다. 상대가 진짜 미인일 때는, "I am very happy to meet you"라고 하면 된다. 물론,

You are the most beautiful girl I've ever met!
You are the most handsome guy I've ever met!

하면 누구나(남자든, 여자든) 좋아할 것이다. ^^
물론 못생기고 뚱뚱한 상대에게 이런 말을 하면 안 된다. 놀리는 걸로 생각할 테니까! 만약 "You are the most beautiful woman I've ever met"이라고 했는데, 말없이 웃기만 하는 아가씨는 진짜 대단한 미인이겠지요?

오랜만에 만났을 때는 "Hi, how are you?" 한 다음 혹은 전에,

Long time no see.

It's been (such) a long time.

이라고 말하도록 하자. 진짜 오랜만이라는 느낌의 말이다.

낯선 사람과 이야기하다가 자리를 떠야 할 때는,

Nice talking to you.
It's been really nice talking to you.

라고 덧붙이는 게 예의다.

친구끼리 헤어질 때는,

See you later.
Catch you later.
See you around.
See ya.
Take care.

등으로 말하자. "Catch you later"는 "See you later"와 별로 다르지 않은 말이고, "See you around"는 '오다가다 또 만나겠지' 등의 느낌이다. 'go around (this area) 하다 보면 see 하겠지' 이 정도의 느낌인 것이다. "Take care"는? 우리말 '몸 조심해'의 의미를 함축한 "잘 지내" 정도가 되겠다.

05

예의 바른 표현들

예의를 지키려면 아무래도 예의 바른 표현을 써야 한다. 그런데 이 예의란 것이 비즈니스 파트너를 대할 때와 친구를 대할 때가 다를 수밖에 없다. 처음 만난 사람 대하는 예의와 자주 보는 사람 대하는 예의도 다를 수밖에 없다.

그러니까 때에 따라 당연히 조금 다른 예의를 실천해야 한다. 하지만 영어회화 초보인 독자들의 경우, 우선은 '무난한 예의 모드' 정도를 갖추고, 그 정도의 표현을 먼저 몸에 익혀두면 되겠다.

Thank you 혹은 **Thanks**, 이 말 무지 자주 사용하라. 이를테면 상대가 "You look great today!" 혹은 "Nice shirt" 하면(영어권에서는 인사말처럼 많이 사용한다), "Oh, thank you" 혹은 "Thanks"라고 대답해 주시라. Thank you와 Thanks가 뭐가 다르냐고? Thanks는 조금 더 캐주얼하게 들리지만 친구끼리뿐 아니라 지나치게 딱딱한 자리가 아니라면 써먹어도 별 무리 없다.

아주 formal한 자리 혹은 정말 감사할 때는 "I appreciate something 어쩌고~" 하면 된다. 물론 셔츠 예쁘다는데 이렇게 오버하면 안 된다. 적어도 상대가 공짜로 하루 동안 관광가이드 역할을 해주었다든지 하는 정도의 은혜를 입었을 때 쓰는 말이다.

고마운 마음을 더 강조하고 싶다고? 외워두시라. 강조에는 **do**를 쓴다. "I do appreciate 어쩌고저쩌고…."

06

초보의 흔한 실수 세 가지

어느 날 여자 친구를 만났더니 이렇게 말한다.

"머리 잘랐어. 어때? 괜찮지 않아?"

당신은 어떤 머리를 하고 있든 예쁘기 그지없는 여친에게 이렇게 말한다.

"아냐, 괜찮아."

그런데 만약 그 여친이 미국인이나 싱가포르인이라면? 이렇게 물었을 것이다.

I got my hair cut. How's it? Isn't it good?

이때 만약 당신이,

No, it's good.

이라고 말해준다면? 당신의 여친은 고개를 갸우뚱하게 된다.

아시다시피 영어에서는 질문이 긍정문이든 부정문이든 간에 답변이 긍정적인 뜻이면 Yes, 부정적인 뜻이면 No를 쓴다. 따라서 이때 당신은,

Yes, it is good.

이라고 말해줘야 한다. 이때 **is**에 악센트를 넣어서 말하면 더욱 좋을 것이다.

하지만 우리는 평소에 답변이 긍정적인 뜻이어도 질문에 따라 "아냐, 괜찮아"로 대답해야 하는 한국말을 쓰고 있기에, 막상 이런 상황이 닥치면 실수하기가 쉽다. 그러니 부정의문문을 들을 때는 한 박자 쉰 다음 제대로 대응하도록 하자. 틀릴까봐 너무 걱정하지는 마시라. 실수했다고 해도 바로잡으면 되니까.

둘. You know?

특히 영어회화 공부를 조금 한 사람들이 흔히 저지르는 실수라기보다는 '버릇'이다. 무슨 말을 하든지 간에 'You know'란 말을 시도 때도 없이 끼워넣는 것이다.

I met a friend yesterday, you know. We went to a bar and I met a girl there, you know. She was really gorgeous, you know····.

이런 식이다. 하지만 **You know**란 '너도 알다시피' 혹은 '너도 알지?' 정도의 의미로 쓰는 말이다. 이렇게 함부로 you know를 남발하면 상대 쪽에선 속으로 'How the hell could I know?(젠장, 내가 어떻게 알아?)'라고 생각하게 된다.

간단히 말해 You know는 보통 친한 사이끼리, 서로가 이미 알고 있는 것에 대해 한 번 짚고 넘어간다는 기분으로 쓰는 문장이다. 그러니 가능하면 그럴 때만 써라.

셋. OK

OK라는 대문자 두 개만큼 편리한 것도 없다. Yes도 되고 Good도 되고 Alright도 된다. 대충 괜찮으면 무조건 OK라고 하면 된다. 그래서 초보들이 무척 자주 쓰는 단어이기도 하다. 그리고 자주 쓰는 건 좋은 일이다.

하지만 단 한 가지 주의할 것이 있다.

절대, OK하지 않은데 OK라고 말하면 안 된다는 것이다. 설마 그럴 리가 있겠어요? 실제로 무심코 쓰다 보면 그러는 수가 있다. 어떤 경우냐고?

Ann : I saw the movie 'As good as it gets' last night.

Soyoung : How was it, was it good?

Ann : Yeah, it was really good. And I love Jack Nicholson so much. You love him too?

Soyoung : (무심코) Yes.

(하지만 소영은 잭 니콜슨을 좋아하지 않는다. 너무 끈적하고 느끼하다고 생각해서 그가 나오는 영화는 웬만하면 피하고 싶은 심정이다.)

Ann : Oh, really? You know what? Jack's new movie is coming next week. Will you go see that with me?

Soyoung : (싫지만) OK, that's a good idea.

잭 니콜슨이 싫은데 어떻게 Yes 할 수 있냐고? 초보들은 정말로 가끔 이런 실수를 한다. 상대방의 말을 제대로 캐치하지 않았는데 그런 티를 내기 싫어서 "Yes"나 "OK"를 하는 경우도 많고, 그저 대화의 흐름을 타다 보니까 무심코 그러는 경우도 있다. 그러나 명심하라. 앞으로는 그러지 말아야 한다.

Pardon me. What did you say?

"Yes" 하기 전에 반드시 이렇게 물어야 한다. 만약 본심은 아닌데 무심코 "Yes"나 "OK"를 했다면 바로 수정하라.

I'm sorry, I think I misunderstood what you said.

You meant Jack Nicholson? Actually I don't like him very much.

누구나 실수는 할 수 있다. 특히 외국어 초보들은 많은 실수를 하기 마련이다. 하지만 대부분의 경우 실수는 교정할 수 있다. 다만 타이밍을 놓치지 말아야 한다. 타이밍은 그 생각이 든 바로 그 순간이다. 그때 수정하라.

부탁하는 표현들

여행은 늘 누군가에게 부탁하면서 하게 되어 있다. 여행자는 때가 되면 배가 고프고, 술이 고프고, 방이 필요하고, 말상대가 필요하다. 아무리 내 주머니에 돈이 있다고 해도 무언가 필요할 때는 누군가에게 부탁하는 말을 해야만 한다.

무언가를 부탁할 때 어떤 말을 쓰는지는 문법편에서도 배웠지만 좀 더 자세히 알아보자. 우선 제일 쉬운 건,

I want this.

I want to do something.

Give me something.

이런 것이지만, 이건 곤란하다. 당연히 친구끼리는 괜찮지만 하다못해 레스토랑 종업원에게 하는 말로도 부적절하다. 적어도 **please**를 첨부하거나 다음과 같이 말해야 한다.

Can I have ~

Could I have ~

Would you get me ~

I'd like to do ~

Would you give me ~

특히 **I'd like to**와 **Would you**는 입에 아주 익어야 한다. 따라해보시라. "I'd like to…" 빨리 발음하면 대충 '아일라익투'처럼 들린다. 그다음에는 "Would you…?" '워쥬'와 '우쥬'의 중간쯤으로 들린다. 하지만 대충 '우쥬?' 해도 괜찮으니까 절대 까먹지 마시라.

자, 연습해보자.

I'd like to have a coffee.

Would you get me the paper?

I'd like go to sleep now.

Would you turn the light off?

이런 식이다. 하지만 잊지 말 것. 친구끼리는 "I'd like to…", "Would you…?"를 고집하지 말자. **I wanna…, Will you…?** 정도로 족하다.

부탁할 때만 쓰는 건 아니지만, **I feel like ~ing**란 표현도 가끔 쓸만하다. 레스토랑에서 음식을 고르면서 웨이터에게,

I feel like having seafood this time. Which one is
the freshest tonight?

이렇게 물으면 그럴듯하다. feel like ~ing는 I'd like to…와 함께 가장
써먹기 좋은 '부탁' 및 '의향'의 표현이라고 해도 좋다. 특히 무언가
하기 싫을 때도,

I don't feel like going out tonight.

하는 식으로 써먹기에 좋다. 'feel'이 들어 있는 만큼 무언가 하고 싶
거나 하기 싫은 기분을 표현하는 느낌이 있다.

PART
4

진짜
꼭 알아야 할
단어와 표현들

영어회화를 하기 위해서는 '이것만은 꼭 알아야 한다' 하는 단어와 표현들이 분명히 있다. 대부분 아는 단어들이고 들어본 표현들이겠지만 의외로 입에서는 잘 튀어나오지 않는다. 물론 연습을 미리 해두면 사정이 달라진다.

01

진짜 꼭 알아야 할 동사들

get만 알면 회화 동사의 반은 아는 거?

영어회화는 동사 몇 개만 알아도 할 수 있다는 말이 있다. 실제로 그렇다. 필자가 생각하기에 이 책의 독자라면 **get**, **have** 정도만 제대로 공부한다면 지금보다 두 배는 영어회화를 잘할 수 있을 거라고 생각한다.

"get과 have만으로 영어회화가 된다니 농담이겠지요…" 하시는 분이 있습니까? 농담이 아니다. 약간 과장하자면 말할 때 쓰는 문장의 반이상에 get이 들어간다고 해도 과언이 아니다.

get을 그저 '가지다', '얻다' 정도로만 알고 있으면, 사실 영어 알아듣기가 정말 어렵다. 다음을 보라.

Get the paper. 신문 가져와.

I got there. 거기 갔어(도착했어).

let's get going. 가자.

I gotta go. 나 갈래.

I got it! 알았어, 내가 받을게, 내가 잡을게 등등.

I got the picture. 감 잡았어.

I don't get what you mean. 뭔 소리여?

It's got frozen. 얼었어.

He got me to do it. 그 친구가 나보고 시켰어.

It's getting cold. 추워지네.

You gotta do what you gotta do.
우린 맡은 바 임무를 충실히 하면 돼.

아무 때나, 아무 뜻으로나 막 쓰는 것 같지 않은가?

앞서 문법편에서도 언급했지만, get의 용법 중에 제일 흔하고 제일 신기한 것이 **gotta**이다. have got to의 약자로 '가라' 정도로 발음 된다. 그런데 이 gotta의 용법이 조금 묘하다. **have to**에 가깝지만 **want to**와도 좀 가깝다고나 할까. 그러니까 I gotta go는 '가야 해'에 가까운 "갈래"쯤 된다. 하지만 "You gotta do what you gotta do"에서 gotta는 분명 have to이다.

하여튼 gotta는 미국인들을 비롯해 전 세계 영어 사용자들이 수시로 쓰는 표현이니 꼭 외워두시라. 따라해보시라. "아이가라고(나 갈래)", "아이가라고투레스트룸(화장실 갈래)", "유가라밋미(나 좀 만나줘)."

get 자체의 뜻만 해도,

잡다

얻다

받아들이다

이해하다

가지고 오다

도착하다

등은 기본인데, 실제로 영어권 사람들은 회화에서 get에 이 많은 뜻을 담아서 쓰니 여러 용법을 연습해두어야 한다.

이 외에 좀 특이한 용법으로,

당하다

정도의 의미로 get을 쓰는데 이게 의외로 중요하다.

I got mugged last night. 나 지난밤에 강도당했어.

그런데 자세히 보면 위 문장은 앞서 소개한 문장,

I got frozen. (글자 그대로는) 난 얼림을 당했다.

의 구조와 똑같다. "I got frozen"은 글자 그대로는 "난 얼림을 당했다"의 의미인 것이다. 영어에서 이런 식의 표현은 너무나 많다.

He got killed in the war. 그는 전쟁에서 죽었다(죽임을 당했다).

I got caught by cold. 나 감기 걸렸어.

You can get addicted to this one. 넌 이것에 중독될 수 있어.

I want to get laid tonight! 난 오늘 밤 섹스하고 싶어!

get laid는 글자 그대로는 '눕혀짐을 당하다'이지만, 실제 뜻은 '섹스하다'가 된다.

'got someone ~ed' 형태도 있다. 이건 '누구를 당하게 하다' 정도 된다. 이를테면,

I got him killed. 나는 그를 죽게 했다.

They got me trapped. 나는 함정에 빠졌다.

저 위의 사례들 중 'be getting ~' 문형도 아주 자주 쓰인다. '점점 ~게 되다'는 뜻인데, 당신이 남성이라면 여행 중 같은 숙소에서 만난 예쁜 아가씨에게,

You are getting more beautiful everyday.

라고 말해주시라. 그녀는 반드시 활짝 웃으며,

It's so nice of you!

하고 대답할 것이다.

진행형이 아닌 get만으로도 '~하게 되다'라는 뜻으로 쓸 수 있다.

Things get messy whenever he comes here.
그가 여기 올 때마다 일이 어지러워지네.

He got old. 그가 나이 들어버렸다.

get을 '이해하다'라는 의미로 쓰는 건 이미 아시는 분이 많을 것이다.

만약 여행길에서 누가 여러분에게 이것저것 이야기한 다음,

Do you understand what I said?

라고 물었는데 그가 말한 걸 잘 이해하지 못했다면,

No, I don't understand.

혹은,

No, I don't get it.

이라고 하면 된다.

"이해했어?"라는 의미로 "Do you understand?" 대신,

Do you get it?

혹은,

Got the picture?

라고 묻는 경우도 있다. 특히 이때 **picture**(그림)라는 말은 '이야기가 만들어낸 일종의 가상의 그림을 가리키는 것'이라고 생각하면 된다. 우리말에서 "내 이야기가 무슨 말인지 감이 오니?"라고 묻는 것과 비슷하다.

물론 이해했으면,

I got it.
I got the picture.

라고 대답하면 된다. 드물게,

Gotcha.

라고 대답하는 사람도 있다. '가챠' 정도로 발음한다.

만약 여러분이 여행 중 만난 친구에게 한국의 전세 제도에 대해 설명한 후에,

You got the picture?

라고 물었는데 상대가,

I don't get it. How come is that kind of rent possible?

이라고 묻는다면 역시 상대가 그걸 이해하지 못했다는 뜻으로 받아들이면 된다. 참고로,

How come?

은 **Why?**와는 좀 다른 '어떻게?'에 가까운 의문사이다. 여행 중 5~6개 국어를 구사하는 사람을 만나면,

How come do you speak so many languages?

라고 물으시라. "어떤 경위로 그렇게 많은 언어를 구사하게 되셨어요?"란 질문에서 "Why~?"는 지나치게 추궁하는 느낌이다.
아무도 오지 않을 것 같은 오지에 왔는데 뜻밖에도 다른 나라에서 만났던 배낭족이 당신을 기다리고 있다면,

How come you got here? 어떻게 이런 곳까지 오게 되셨어요?

라고 물어도 된다.

get 못지않게 중요한 have

영어회화에서 get 다음으로 중요한 동사를 꼽으라면 역시 **have**다. 물론 '가지다'란 뜻으로 가장 많이 쓰지만 그 외에도 다양한 용도로 써먹을 수 있다.

I have a headache.

우리말에서 "나는 두통을 가지고 있다"는 굉장히 이상하지만, 영어 have는 그런 표현을 가능하게 한다.

Do they have a movie theater in this town?

"이 마을에 영화관이 있니?"라고 물을 때도 have를 썼다. 우리말로 "이 마을에 그들이 영화관을 가지고 있니?" 하면 굉장히 어색하지만 영어에서는 자연스러운 표현이 된다. 영어의 'have'는 우리말의 '가지다'보다는 훨씬 넓은 의미의 '가지다'인 것이다.

이렇게 have는 많은 상황에서 유용하게 써먹을 수 있는 간단한 동사이다. 이런 have가 사역동사적 기능을 가지고 있다는 사실을 알면 용도가 꽤 늘어난다.

I had my hair cut today. It costed only 100 bahts.

"오늘 나는 머리를 깎았는데, 100바트밖에 안 들었어". 바트는 태국의 화폐 단위이다. 100바트면 2014년 10월 환율로 3,300원이 좀 넘는 돈이다.

have가 완료형 문장에서 조동사로 사용된다는 사실은 이미 아실 것이다. 앞서 문법편에서도 나왔지만,

Have you ever been to Korea?
No, I've never been there. But I'd like to visit there someday.

이런 식으로 쓴다.
참고로 **have been there**라는 문장은 의미를 좀 넓게 사용하는 경향이 있다. 이를테면,

You've always been there for me.

라고 하면 "넌 날 위해 항상 '거기에' 있어줬어"가 아니라 "너는 날 위해 항상 '꼭 필요한 자리에' 있어줬어"쯤 된다.
이제 막 결혼한 친구가 신혼 생활의 고충에 대해 당신에게 호소하면 당신은,

Yeah, I know. I've been there too.

라고 할 수 있다. 이때 "I've been there too"는 "나도 그 곳에 가봤어"
가 아니라 "나도 그런 입장에서 같은 경험을 해봤어" 정도가 된다.

make, take, put, bring

짧고 간단한 동사들을 잘 쓰는 게 회화를 잘하는 지름길이다. get과
have, make, take, put, bring 외에도 짧고 간단한 동사들이 많지만 여
기에 나온 것부터 먼저 공부하시란 뜻에서 이 단어들을 소개하는 것
이다.

다음 몇 가지 사례들을 읽고 각 단어들의 용도와 어감을 익혀두시
라. 그런데 이 단어의 뜻은 이거, 이거, 이거… 이런 식으로 하나하나
외우는 것보다는 해당 단어가 포함된 문장들을 많이 읽는 편이 낫
다. 어차피 인간의 기억력에는 한계가 있기 때문이다. 차라리 많이
읽어두는 편이 '어감'을 캐치하기에 좋다.

(1) make

Samsung makes everything. Mobile phones, semiconductors, buildings, food, TVs and they even tried to make cars. 삼성은 뭐든지 다 만들어. 휴대전화, 반도체, 건물들, 음식, TV 그리고 심지어 자동차도 만들려고 했었지.

This cold can make you cough a lot.
이번 감기는 기침이 많이 나는 거야.

I don't make much money, but I can afford this trip.
난 돈을 많이 벌지는 못하지만 이 정도 여행을 올 정도는 돼.

make는 글자 그대로 '만들다'는 뜻으로 가장 많이 쓰지만, 돈을 '벌다', 누구에게 무엇을 '시키다' 등 여러 가지 뜻으로 쓴다. 시간 날 때마다 사전의 예문을 읽어두시라.

(2) take

It takes about ten hours from here to Paris by bus.
여기서 파리까지는 버스로 열 시간 정도 걸려.

Take the boat, instead of taking the bus.
버스를 타는 대신 배를 타.

Would you take a picture of us? 우리 사진 좀 찍어주시겠어요?

take는 무언가를 '취하다', '데리고 가다', 시간이 '걸리다' 등의 느낌을 표현하는 단어다. 여행 중 "여기서 어디까지 몇 시간 걸려" 같은 말은 정말 자주 쓰게 된다. 물론 평소에는,

Take it easy!

할 때 많이 쓴다.

(3) put

Put the name and phone number on this paper.
이 서류에 이름과 전화번호를 적으세요.

Can you put that into English? 그걸 영어로 말해주시겠어요?

Let me put it this way. 내가 이런 식으로 말해보지.

put은 '놓다', '적다', '번역하다', '표현하다' 등등 온갖 방식으로 해석될 수 있는 단어이다. 따라서 한편으로는 써먹기 까다롭고, 다른 한편으로는 아무 때나 써먹을 수 있는 장점이 있다. 일상 회화에서는 의외로 put이 들어간 문장들을 많이 듣고 쓰게 된다.
그러나 역시 가장 많이 쓰는 용례는 '두다', '놓다'일 것이다.

Put it down. 그거 내려놔.

(4) bring

Make sure to bring a sunscreen. 꼭 자외선 차단제를 가져와.

The tribes brought about a small war here.

여기서 그 부족들은 조그만 전쟁을 치렀다.

I will bring it to you in a minute. 1분 내로 그걸 네게 가져다줄게.

'가지고 오다', '초래하다' 등의 의미이다. carry와는 또 좀 다른 의미의 '휴대감'이 있다. **carry**가 늘 휴대하는 어떤 상태를 의미한다면, **bring**은 가져왔다가 도로 가져가는 형태이다. 이를테면 미국 경찰은 총을 늘 carry하지만 도시락은 bring한다. 그리고 항공모함은 항공기를 싣는 carrier이지 bringer는 아니다.

02

간단하지만
자주 쓰는 표현들

회화에서 우리를 괴롭히는 건 복잡한 문법이 잔뜩 들어 있는 긴 복합문들이 아니다. 주로 간단하지만 의미가 아리송한 표현들이 우리의 주적인 것이다. 이를테면,

What do you say?

이 문장은 '너 뭐라고 말해?'라는 뜻이 아니라, "넌 어떻게 생각해?"에 가깝다. "내가 밥을 살 테니까 넌 커피를 사, 어때?" 하고 물을 때 "어때?"가 "What do you say?"인 것이다. 이걸 모르면 대화 중에 오해하기 쉽다.

Come to think of it!

무언가 생각이 떠오르는 걸 **come to think**라고 한다. "Come to think of it!" 하면 "아, 생각났다" 혹은 "뭔가 생각이 떠올랐는데…" 정

도의 의미이다.

Let me know.

"Let me know before you come to Korea" 같은 문장에 딱 맞는 표현이다. "Tell me"나 "Talk to me"보다 훨씬 잘 어울린다.

Who gives a shit? I don't care.

"무슨 상관이야. 난 신경 안 써". 사실 **shit**은 약한 욕이라 "Who gives a damn!"이라고 하는 게 안전하다. 물론 화가 머리끝까지 나면 "Who gives a fuck!"이라고 하는 이들도 있다.

I was not myself.

"내가 제정신이 아니었어". 이 말을 할 만한 상황을 만들면 곤란하다.

You are telling me.

"그러게 말이야"라는 뜻이다.

A: The idea of making 'Rambo 6' is absurd.
B: You are telling me! This guy is too old to do it.

이런 건 배우지 않으면 뜻을 알 수가 없다. 그런데,

Are you telling me that ~

이라고 하면 질문자가 '~ 이하 내용을 한 번 더 확인'하는 것이다.
"~라고 말씀하시는 거예요?"라고 묻는 것.

I mean it.

mean이란 단어는 '의미하다'이기도 하지만 말하는 이가 '진심이다'
라는 뜻이다. 따라서 "I mean it" 하면 "(내가 말한 게) 정말이야" 혹은
"진심이야" 정도의 뜻이다.

You know what I mean?

하면 "내 말이 무슨 뜻인지 알겠니?"

What's that supposed to mean?

하면, "무슨 말을 하고 싶은 거야?" 하고 상대의 진의를 묻는 말이다.

I don't know who he is.

"난 걔 누군지 몰라". "I don't know who you are" 하면 당연히 "난 니

가 누군지 몰라". 그런데,

I don't know what I am.

하면? "난 내가 어떤 사람인지 몰라"가 된다.

The thing is…

"그러니까 문제는 말이야…"라고 말을 풀어갈 때 "The thing is…" 하는 식으로 말하는 경우가 있다. 사실 영어에 익숙한 사람이 아니면 써먹기 쉽지 않은 표현이다. 상대가 이런 식으로 말할 때 당황하지 말라는 뜻에서 짚고 넘어간다.

He's not that into you. 그는 널 그만큼 좋아하지 않아.

이런 제목의 영화가 있었다. 이때 **into**는 '좋아하다'는 뜻이다. 영어에서 이런 식으로 쓰이는 전치사는 정말 희귀하지만 실제로 존재한다. 보통은,

I'm into fishing. 난 낚시가 좋아.
Everybody's into something. 다들 뭔가 좋아하는 게 있지.

하는 식으로 **be into ~** 형태로 쓴다.

Come over here after the tour. 투어 끝나면 이쪽으로 넘어와.

재미있는 것은 come over에서 **over**만으로도 '이쪽으로'라는 뜻을 포함한다는 점이다. 그래서,

She came over my place and spent the night with me.

하면 무슨 뜻인지 아실 것이다.

참고로 **over**는 재미있는 단어이다. "start it over"라고 하면 "새로 시작하다"라는 뜻이 된다. "I'm over him"은 "난 이제 (애인이었던) 그를 잊어버렸어". 우리는 여행하면서 people all over the world를 만난다.

Sleep on it.

"하룻밤 자면서 생각해봐". 내가 친구에게 "내일 같이 프라도미술관에 가서 하루 종일 고야와 벨라스케스의 작품들을 감상하지 않을래?"라고 물었는데, 친구는 마드리드의 다른 곳들이 더 끌려서 망설여지는 모양이다. 그럴 때 친구에게 해주는 말,

It's OK not to decide now. Sleep on it.

여행하다 보면 계획대로만 움직이는 건 아니다. 상황에 따라 새로운 계획을 세워야 할 때도 있다. 그럴 때는,

I'm working on a new plan.

이때 **working on ~**은 '~에 매진하다'는 뜻인데 의외로 자주 써먹는다. 이를테면 "너 한국에서 주로 뭐하니?"라고 물으면,

I'm working on a new project in my laboratory.

여행 다니다가 갑자기 가벼운 감기에 걸렸다. 혹은 알레르기성 두드러기가 생겼다. 현지 약국에서 처방전 없이 살 수 있는 두통약이나 항히스타민제를 구했다. 그러면 아마 약사가 당신에게 이렇게 말할 것이다.

Make sure to take a pill before you go to sleep.

make sure는 정말정말 자주 쓰는 문구이다. '~을 확실하게 해'라고 말할 때는 거의 make sure를 쓴다고 보면 된다. 입에 익으면 진짜 편한 문구이기도 하다.

I used to be a journalist.
I used to live in Japan.

첫 문장을 "I was a journalist"라고 해도 뜻은 똑같다. 하지만 **was** 대신 **used to**를 쓰면 '지금은 아니다'라는 뜻이 훨씬 강해진다. 즉, used to는 지금은 그게 아닐 때 쓰는 표현이다.

I have a lot of work to do.

a lot of. 초보들이 영어회화 시 이만큼 써먹기 좋은 문구도 드물다. 솔직히 말해서 영어를 모국어로 쓰지 않는 우리는 많은 걸 표현하기 위해 **many**를 써야 할지, **much**를 써야 할지 잘 떠오르지 않을 때가 많지 않은가. 그때 필요한 문구가 바로 a lot of이다. 셀 수 있는 것이든, 셀 수 없는 것이든 a lot of로 표현할 수 있다. 쉽게 말해 아무 때나 쓰면 된다. '얼라롭' 정도로 발음한다.

Doesn't make sense.

"말도 안 돼". 원래는 "It doesn't make sense"인데, 이 문장은 주어를 빼먹고 말하는 경우가 많다. 물론 "It makes sense"는 '일리 있다'는 뜻이다.

한두 단어로
뜻을 표현하자

Depends. 때에 따라 달라.

군이 분석하자면 "It depends on the situation" 정도의 약자라고 보면
된다. 그런데 대부분 그냥 "디펜즈" 하고 만다.

Just in case. 혹시 모르니까.

하이킹을 가면서 우산을 챙긴다. 왜냐고 누가 물으면 "Just in case"라
고 대답하는 거다. 이 경우는 "혹시 비가 올지 모르니까"라는 뜻으로
통한다.

Fair enough. (그러는 게) 이해가 되네.

fair는 특히 미국인들이 좋아하는 단어이다. 미국인들은 불평등은
참아도 불공정은 못 참는 성격인 것이다. "Fair enough"는 길게 말해

도 "충분히 공정하군" 혹은 "충분히 이해되는군" 정도의 의미이고, 짧게는 "알았어", "됐어" 정도의 의미이다.

Shit happens. 살다 보면 나쁜 일도 생기는 거지.

뭐라 설명하기 힘든 표현이다. 글자 그대로 살다 보면 '똥 같은 일도 생긴다', 그냥 그러려니 하고 넘어가라는 이야기다.

Guess! 뭐게?

글자 그대로는 '짐작해봐!'니까 뜻은 "뭐게?" 정도이다. 그럼 "Guess who?"는? "누구게?", "Guess what?"은? 역시 "뭐게?"

You know what? 있잖아. (내가 재미있는 이야기해줄게.)

이건 영어권의 언어 습관 비슷한 것이다. 우리가 본인이 재미있다고 생각하는 이야기를 친구에게 해줄 때 "있잖아" 정도의 추임새를 넣고 시작하듯이, 영어 사용자들은 "You know what?('너 그거 알아?' 정도의 느낌)" 등으로 시작하는 것이다.

Easy. 진정해. 천천히 해.

"**Take it easy**"의 약자라고 볼 수 있다. 긴장 풀고 슬슬 하란 얘기. 옆 사람이 좀 쓸데없이 흥분한 것 같으면 "Easy, easy" 하든지 "Calm down" 하면서 달래면 된다.

"Easy on him" 하면 "걔, 살살 다뤄줘."

Done? 끝났어?

"Are you done?", "Is it done?"의 약자일 것이다. 두 문장 모두 "끝났어?"라는 뜻.

Absolutely. 물론이지.

어떤 질문에 대한 대답으로 "물론 그렇지" 하고 싶을 때가 있다. 그럴 때는,

Sure.
definitely.
Exactly.

등과 함께 "Absolutely"도 꽤 자주 쓰는 표현이다.

Go ahead. 한번 해봐.

"한번 해봐", "먼저 해봐" 등의 뜻이다. "Give it a try" 해도 된다. 상대가 "Can you do me a favor?(부탁 하나 해도 돼?)" 할 때도 "Go ahead(그래, 해봐)" 정도의 의미로 쓸 수도 있다.

Trust me. 날 믿어.

번지점프대에서 친구에게 할 법한 말이다.
"Hey, you go ahead. It's absolutely safe. Trust me."

Why not? 해보지 뭐.

영화 〈비치〉의 한 장면으로, 방콕의 뒷골목에서 뱀 쓸개가 담긴 위스키를 마시는 레오나르도 디카프리오. 술잔을 권하는 사내에게 한 말이 이거 아니었을까. "Why not?" 다음 순간 잔을 들어 입 속에 단숨에 털어넣는 레오나르도!

Good for you! 좋겠다!

진심으로 상대의 행운 등을 축하하는 말로 쓴다. 비아냥의 의미 따윈 전혀 없다. 다른 여행자의 행운을 진심으로 축하하면서 말해주시라. "Good for you!" 혹은 상대의 행운을 나도 기뻐한다는 사실을 더욱 분명하게 하고 싶다면 "I'm so happy for you!"라고 해도 된다.

What happened? 무슨 일이야?

글자 그대로 "무슨 일이냐"고 묻는 말이다. 누군가 다쳐서 숙소로 돌아왔다든지, 누군가 울고 있다든지 하면 물어보시라. "What happened? Are you alright?"

Not really. 실은 그렇진 않아.

"Are you OK?" 등의 질문에 답할 때, 실은 상태가 별로 좋지 않다면 "Not really"로 대답하는 게 보통이다.

No way! 설마! 절대 그렇지 않아! 안 돼!

"No!"보다 강한 부정을 원할 때 "No way!"라고 하면 그럴듯하다.
"I broke up with my girlfriend(애인이랑 헤어졌어)."
"No way!(설마! 저런!)"

"Give me one hundred bucks(100달러만 줘)."
"No way!(싫어, 절대 안 돼!)"

"We ran out of beer(맥주가 다 떨어졌어)."
"No way!(젠장….)"
이렇듯 상황에 따라 여러 가지 부정적인 뜻으로 쓰인다.

사고, 사기 등을
표현하는 단어들

rip-off(바가지). 좀 심한 바가지를 보통 '립폽'이라고 한다.

You bought it for 200 bucks. It's a rip-off!

그걸 200달러에 샀다고? 완전 뒤집어썼네!

- -

scam. 글자 그대로 '사기'를 scam이라고 한다. 이를테면 가짜 보석을 비싼 값으로 팔아먹는다든지(방콕에서 흔히 발생하는 사건), 택시 거스름돈을 위조지폐로 준다든지(부에노스아이레스가 악명 높다) 하는 등의 사기가 있다. 이보다 조금 더 정교한 사기를 보통 **con**이라고 부른다. 사기꾼은 **con artist**.

mug. 강도는 mug, robbery, holdup 등 다양한 표현이 있다. **holdup**은 "손들어!"란 뜻으로 주로 권총 강도를 가리키는 말이다.

실제로는 조금 다른
의미나 발음인 단어들

독자 여러분이 보통 '고추' 하면 떠올리는 단어는 **pepper**일 것이다. 물론 틀린 건 아닌데, 실제로 여행을 다녀 보면 세계에는 고추를 pepper로 부르는 사람보다는,

chili

라고 하는 사람들이 훨씬 많다는 걸 알게 된다. '치일리이'라고 조금 길게 발음해주면, 우리가 '고추'라고 알고 있는 그 매운 식물을 가져온다.

그리고 '맵다', 이것도 문제인데… 우리는 보통 '맵다'를, **hot**이라고 생각하는 경우가 많은데 실은,

spicy

라는 단어를 더 많이 쓴다. spice는 그냥 '양념'인데 spicy 하면 "맵다"란 뜻이다. 그래서 "이 고추 열라 매워!"는

This pepper is very hot!

이 아니라,

This chili is so spicy!

이다. (일본 사람들은 이 chili를 보통 '치리'라고 하더군요.)

사전에 나온 뜻과 예문들을 자세히 읽지 않은 학생들이 의미를 정확하게 모르고 있는 단어들이 좀 있다. 이를테면 respect와 clever가 대표적이다. **respect**는 보통 '존경'이 아니라 '존중'의 뜻으로 쓴다. 존경은 **admire**나 **look up to** 등의 표현을 쓰는 게 맞다.

clever는 '영리한'이란 뜻이 맞고 대개 그렇게 알고 있다. 그런데 이 영리함은 약간 얄미운 영리함이다. '여우가 영리하다든지', '나의 적수가 영리하다든지'라고 말할 때의 그 영리함인 것이다. 따라서 때에 따라서는 상대에게 "You are very clever" 하는 것이 실례가 될 수도 있다.

이런 사례들을 이야기하는 이유는 여러분이 단어 하나하나를 공부할 때 사전에 나온 예문들을 좀 더 열심히 읽어보시라는 뜻에서다.

영어는 한국어와 다른 언어이고, 각 단어들의 어감은 한국어 단어들의 어감과 다르기 때문이다.

여러 가지로 발음되는데 우리가 보통 한 가지만 알고 있는 경우도 있다.

• often : 표준 발음이란 게 있다면 '오펀'이 맞다. 그런데 '오프턴'으로 발음하는 사람들이 너무 많아서 그것도 알고 있어야 한다.

• suggest : 이 경우는 보통 '서제스트'로 발음하는데, 의외로 '석제스트'로 발음하는 사람들이 많아 살짝 당황할 수도 있다.

• either : '이더' 혹은 '아이더'로 발음하는 건 대부분 아실 것이다.

연애 영어 총정리

여행하다 보면 예기치 않게 '로맨스'가 발발할 수도 있다. 물론 말이 안 통하면 굉장히 어려운 이야기다. 하지만 어느 정도 의사소통이 되는 젊은이들이 잔뜩 모인 여행지라면 로맨스가 생기지 않는 게 오히려 이상한 일이다. 이번 기회에 연애와 관련된 영어 단어와 문장들을 한번 쫙 정리해보자.

연애 영어 중 누구나 알고 있고 제일 쉬운 건 아무래도,

I love you.

일 것이다. 당연히 사랑하는 사람에게 "사랑해"라고 말할 때 쓴다. 영화 〈고스트〉에서 패트릭 스웨이지는 이상하게 이 말을 쓰기 싫어해서 데미 무어가 "I love you" 하면 "Ditto(이하 동문)"라고만 했었지요. 그냥 "I love you, too" 해주면 얼마나 좋아!

I'm in love with you.

는 좀 더 '공식'스럽다. I love you는 친구 관계에서도 쓸 수 있기 때문일까? 그 외에,

I like her.
I care for her.
I have a feeling for her.
I'm fond of her.

등도 모두 좋아하는 감정을 나타내는 말들로, love보다는 살짝 약한 표현들이다.

술집 같은 곳에서 정말 멋진 아가씨를 보면,

She's really hot! 와우, 섹시!
She's a knockout! 끝내주는데!

등의 말이 저절로 나온다. 그럼 작업 들어가보자. 작업, 즉 서로 꼬시기 위해 시시덕거리는 걸 한마디로,

flirt

라고 한다. 아무에게나 말 걸고 작업에 능숙한 남자를 보면,

He's really good at flirting.

"나한테 작업을 걸더라"라고 말하려면,

He was coming on to me.

혹은,

He hit on me.

작업을 걸 때는 당근,

You are the most beautiful girl I have ever met.
내가 만난 여자 중 제일 아름다워요.

따위의 '작업용 멘트'를 날려야 한다. 그러면,

Don' lie to me. 거짓말 마세요.
You are the clumsiest liar I have ever met.
내가 만난 사람 중 제일 형편없는 거짓말쟁이군요.
No kidding. 농담이죠?

따위의 반응이 들어올 것이다. 그렇지 않고,

I'm just flattered. 과분한 말씀.

정도로 반응하거나 그저 웃기만 한다면 그녀는 정말 미인이겠지요? 그런데 아뿔싸!

Sorry, I'm already taken. 미안. 나 임자 있어요.

이렇게 나오면 상당히 허망하다.

다행히도 그 아가씨와 말이 잘 통한다. 한 시간도 지나지 않았는데 오래 사귄 사이처럼 친근한 느낌이 든다. 옆에 있던 친구가 짓궂게 한마디 한다.

Why wait? Go get a room now! 뭘 망설여? 가서 방 잡아!

술집에서 만난 사이가 아니라, 평소에 알고 지내는 이성에게 감정이 생겼다면,

I have a crush on him. 나 걔한테 마음 있어.

라고 말한다. 이때 **crush**는 아주 절실한 사랑이 아니라 '일시적으로 좀 땡기는' 정도로 보는 게 좋다. 이게 자라면 절실한 사랑이 될 수도 있지만, 아직은 '지금 당장 느낌이 가는' 정도….
TV 시리즈 〈Friends〉에서 레이첼을 사랑하게 된 조이는 그 느낌이

그저 crush일 뿐이라고 생각하려고 노력했지요.
어쨌든 남녀가 마음이 맞아서 데이트를 하는 걸 보통,

Go out

한다고 표현한다.

I used to go out with her.

하면 "예전에 그 여자애랑 데이트했었지" 혹은 "예전에 그 여자애랑
사귀었지" 정도 되는 것이다.
See도 '사귀다'라는 뜻으로 쓰인다. 따라서,

Are you seeing anybody?

는 "너, 누구 사귀는 애 있니?"쯤 된다.

I took her out.

하면 "그 여자애를 데리고 데이트 나갔다"가 된다.

I asked her out.

은 당연히 "데이트 신청을 했다"가 된다.
데이트는 주로 저녁을 함께하는 걸로 이루어진다. 그런데 저녁 먹고
술 한 잔 했더니 좀 더 끌린다. 그럴 때는,

Will you come to my place?

보통 "우리 집에 갈래?"라고 물어본다. 보통 집에 가서 커피나 한잔
하자고 해놓구선 침대에 들기 마련이다. '섹스하다'는,

make love

혹은,

sleep with

아니면 노골적으로,

have sex with

둘이서만 데이트하다가 나중에는 친구들도 같이 만나게 된다. 친구들 평이,

You guys are meant for each other. 천생연분이야.

하지만 데이트를 좀 해보니 어째 서로 잘 안 맞는 것 같다. 헤어져야겠다.

I broke up with her. 그녀와 헤어졌어.

헤어짐을 당한 쪽에서는,

He dumped me! 그 새끼가 날 찼어!

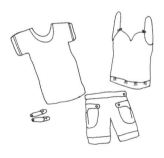

라고 하겠지요. 실연 한 번 당했다고 인생 끝나는 거 아니다. 새 남자를 찾으면 된다. 그럴 때는 친구들이,

You gotta move on. 다른 남자 만나면 돼.

이라고 해준다. 이때 **move on**의 뜻은 '(이제까지 했던 일, 익숙한 상황)과는 다른 무언가를 하기 시작한다'는 의미이다. 한 직장을 그만두고 다른 일을 시작할 때도 똑같은 표현을 쓸 수 있다.
하여튼 그런 말을 들으면 나는,

I'm over him. 나, 걔 벌써 잊어버렸어.

라고 큰소리를 친다.

데이트도 몇 번 하고 오래 사귀다 보니까 결혼하고 싶어졌다. 그럴 때는 당근 프러포즈를 해야 한다.

I proposed to her.

뭐라고 물어야 하나? 그냥 간단하게,

Will you marry me?

하는 게 어떨까. 물론 반지는 줘야 한다.

그녀가 "Yes" 했다. 그럼 주변 사람들에게 알린다.

I'm getting married!

결혼식장에서 주례가 "검은 머리가 파뿌리 어쩌고… 평생 사랑하고 아낄 것을 맹세합니까?"라고 물었다.

I do.

라고 대답하면 된다. **I do**. 꼭 외워두시라. 이것 때문에 웨딩 세리머니를 'I do Ceremony'라고 부르는 사람들도 있더라.

그런데 결혼 생활이 어째 순탄치가 않다. 알고 보니 신랑이 바람이 났더라.

He is cheating on me.

'(배우자를) 속이고 바람 피는 것'을 **cheat on**이라고 한다.
클린턴이 르윈스키랑 바람났을 때,

I'd cheat on Hillary. 마누라가 힐러리면 나라도 바람 핀다.

라고 한 미국 남자들이 꽤 많았다던데… 사실이 아니기를 바란다.
하여튼 바람난 남편이랑은 살기 싫다. 우선 별거를 한다.

I'm separated. 나 별거 중이야.

별거 중이면 다른 남자를 만나도 된다. 실제로 만났는데 그 남자가 너무 좋다. 따라서 바람난 남편과는 이혼을 한다.

I'm divorced. 나 이혼했어.

이제 새로 시작이다. 새 사람을 만나서 또 flirt하고 데이트도 하고 섹스도 한다. 결혼은? 글쎄….

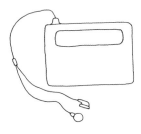

Backpacker's
English

PART
5

실전
여행
회화

이 책을 열심히 읽고 필자가 조언한 대로 공부했다면 어떤 상황에서도 적절하게 대처할 수 있을 것이다. 하지만 아직 이 책을 읽은 것 외에는 따로 영어 공부를 별로 하지 않은 독자들이 더 많을 테니, 그들을 위해서 쓸 만한 예문들을 첨가한다. 물론 따로 공부를 한 다음 복습하는 기분으로 이 부분을 다시 읽는 것도 좋을 것이다.

여기서는 특정한 몇 가지 상황을 가정하고 실제 대화와 가장 비슷하게 이야기를 구성해보았다. 배우라는 의미에서 조금 어려운, 혹은 초보들이 잘 모르는 표현들도 쓰기로 했다.

Airport

Immigration Officer : Passport, please.

Passenger : Here it is, ma'am.

Immigration Officer : What's the purpose of this trip, sir?

Passenger : Sightseeing.

Immigration Officer : How long are you going to stay?

Passenger : One month, ma'am.

Immigration Officer : Anything to declare?

Passenger : No, nothing.

Immigration Officer : OK, have a good time, sir.

이민국 직원 : 여권 좀 보여주세요.

승객 : 여기 있습니다.

이민국 직원 : 여행 목적은 뭐지요?

승객 : 관광입니다.

이민국 직원 : 얼마 동안 체류하실 건가요?

승객 : 한 달입니다.

이민국 직원 : 세관에 신고할 게 있나요?

승객 : 아뇨, 없습니다.

이민국 직원 : 그럼 즐거운 시간 보내세요.

입국 심사대에서 보통 이루어지는 대화다. 여기서 **declare**란 세관

에 신고하는 걸 의미한다. 따라서,

Anything to declare?

는 "세관에 신고할 것 있어요?"라는 뜻이다.

In the airplane

Passenger : Excuse me. May I get through?

Passenger : One more beer, please.

Passenger : When do you serve meals?

Stewardess : Which one would you like to eat, beef or chicken, sir?

Passenger : Beef, please.

Stewardess : What would you like to drink, sir? We have orange juice, coke and mineral water, sir.

Passenger : Coke, please.

Passenger : Can you help me with this arrival form?

Stewardess : Sure, sir.

승객 : 실례합니다. 좀 지나갈게요.

승객 : 맥주 하나 더 주세요.

승객 : 밥은 언제 주나요?

스튜어디스 : 어떤 걸 드시겠어요? 쇠고기와 닭고기가 있습니다.

승객 : 쇠고기로 부탁해요.

스튜어디스 : 마실 건 어떤 걸로 하시겠어요? 오렌지 주스, 콜라, 생수가 있습니다.

승객 : 콜라로 주세요.

승객 : 입국 신고서 쓰는데 좀 도와주시겠어요?

스튜어디스 : 물론이죠.

여행자들이 기내에서 실수할 일은 별로 없다. 다만 **coke**의 발음은 절대 '콕'이나 '코옥'이 아니라 '코욱'이다. 발음 잘못하면 좀 우스워진다. 'cock(콕)'은 남성 성기를 가리키는 슬랭(slang)이다.

Taxi

Backpacker : How much is it to downtown?

Taxi Driver : 40 dollars.

Backpacker : Hey, that's too much. Let's make it 20.

Taxi Driver : No, no. 40 dollars.

Backpacker : Well, then, I'll look for another taxi.

Taxi Driver : OK, 30 dollars.

Backpacker : No way.

Taxi Driver : 25. This is my last offer.

Backpacker : If you say so, OK, lets go.

배낭족 : 시내까지 얼마예요?

택시 기사 : 40달러 주세요.

배낭족 : 에이, 너무 비싸요. 20달러로 하죠.

택시 기사 : 안 돼요. 40달러.

배낭족 : 할 수 없네요, 다른 택시 알아볼게요.

택시 기사 : 알았어요. 30달러.

배낭족 : 싫어요.

택시 기사 : 그럼 25달러. 더 이상은 안 돼요.

배낭족 : 그렇게 말씀하시니, 타죠.

선진국에서는 대개 미터제가 정착되어 있지만 그렇지 않은 나라도 많다. 대부분의 개발도상국에서는 택시 타기 전에 흥정을 하고 타야 한다. 이 대화에서도 알 수 있듯이 흥정하는 것 별로 어렵지 않다.

That's too much.

Let's make it 20.

란 두 표현을 기억해두시라. 시장에서 흥정할 때도 써먹어야 하니까.

Shopping

Backpacker : How much is this hat?

(그냥 물건을 가리키며 "How much is this?"라고 해도 상관없음.)

Vendor : 200 bahts.

Backpacker : Can I try it on?

Vendor : Sure, be my guest.

- After a while

Backpacker : I like this. 100 bahts, OK?

Vendor : No, no. This one is imported from China. So it's expensive.

Backpacker : OK, 150?

Vendor : Well… OK. You got it.

배낭족 : 이 모자 얼마예요?

노점상 : 200바트예요.

배낭족 : 써봐도 돼요?

노점상 : 물론이죠, 써보세요.

– 잠시 후

배낭족 : 좋은데요. 100바트면 살게요.

노점상 : 안 돼요. 이건 중국에서 수입한 거라 비싸요.

배낭족 : 그럼, 150바트?

노점상 : 음… 좋아요. 150바트에 가져가세요.

쇼핑할 때도 마찬가지. 흥정하는 것 별로 어렵지 않다. 참고로 **baht**는 태국의 화폐 단위이다. 태국이나 필리핀 등 동남아시아 국가에서는 중국산이 자국산보다 상대적으로 비싼 경우가 많다. 여기서는,

Can I try it on?

이라는 말을 기억해두시라. "써봐도 돼요?" 혹은 "입어봐도 돼요?"라는 뜻이다.

At a street

Backpacker : Excuse me? Could you tell me where the Hippo Bar is?

Stranger : Sorry, I don't know where it is.

Backpacker : That's OK. Bye.

Backpacker : Excuse me? Do you know where the Hippo Bar is?

Stranger : Yes, I do. It's over there. Go straight and turn right at the corner. There's the Hippo Bar.

Backpacker : Thanks. Bye.

배낭족 : 실례합니다. 혹시 '히포 바'란 곳이 어딘지 아세요?

낯선 사람 : 죄송해요, 어딘지 모르겠네요.

배낭족 : 괜찮아요. 바이.

배낭족 : 실례합니다. 혹시 '히포 바'란 곳이 어딘지 아세요?

낯선 사람 : 네, 알아요. 저쪽에 있어요. 여기서 직진해서 가다가 코너에서 우회전하시면 거기 바로 '히포 바'가 있어요.

배낭족 : 고마워요. 바이.

별 설명이 필요 없다. 다만 **"Do you ~ ?"** 하고 묻는 질문에 **"Yes, I do"**로 대답한다는 걸 다시 한 번 상기하시라.

Hotel

Backpacker : Excuse me! Do you have a room?

Hotel manager : Yes, sir.

Backpacker : How much is a single room per night?

Hotel manager : Sorry, sir. We don't have any single room. Only twin rooms, sir.

Backpacker : How much is it?

Hotel manager : 30 dollars per night, sir. And, if you stay longer than 3 nights, we can charge you a lower price.

Backpacker : Lower? How much?

Hotel manager : 25 dollars per night, if you stay for more

than 3 nights, sir.

Backpacker : Hmm… I'm not sure how long I'm gonna stay. Just one night please.

Hotel manager : OK, sir. 30 dollars.

Backpacker : OK. Should I pay now?

Hotel manager : Yes, sir. And… Do you want to use a safety box, sir?

Backpacker : Safety box? Should I pay for that?

Hotel manager : No, sir. it's free.

Backpacker : OK, I'll use it. Thanks.

배낭족 : 실례합니다. 방 있나요?

호텔 매니저 : 네, 있습니다.

배낭족 : 싱글 룸이 하룻밤에 얼마예요?

호텔 매니저 : 죄송하지만 싱글 룸은 없고, 트윈 룸밖에 없습니다.

배낭족 : 얼만데요?

호텔 매니저 : 일박에 30달러인데, 사흘 이상 묵으시면 할인을 해드립니다.

배낭족 : 할인이라면 얼마 정도인가요?

호텔 매니저 : 일박에 25달러입니다. 단 사흘 이상 묵으실 경우에요.

배낭족 : 음… 제가 며칠이나 이곳에 있을지 아직 모르겠네요. 우선 하루만 묵을게요.

호텔 매니저 : 알겠습니다. 30달러입니다.

배낭족 : 네, 좋아요. 지금 지불해야 하나요?

호텔 매니저 : 네, 그렇습니다. 그리고… 안전금고를 이용하시겠습니까?

배낭족 : 안전금고요? 그것도 돈 내야 되나요?

호텔 매니저 : 아닙니다. 무료입니다.

배낭족 : 그럼 이용할게요. 감사합니다.

호텔에 묵을 때 오갈 만한 대화들이다. 보통 호텔들은 싱글 룸, 더블 룸, 트윈 룸이 있지만 전부 트윈 룸만 있는 호텔도 가끔 있다. 물론 싱글과 더블이 이미 만원(full)이어서 트윈만 남은 경우도 있지만.

개발도상국의 게스트하우스나 작은 호텔은 귀중품을 보관할 수 있는 안전금고를 비치한 곳이 많다. 공짜인 곳도 있고, 우리 돈으로 천원 내외의 요금을 받는 곳도 있다. 잘 판단해서 이용하시라.

Lunchtime

Backpacker boy : Let me treat you to lunch.

Backpacker girl : Oh, Thanks.

Backpacker boy : Will you try korean food this time?

Backpacker girl : Sure, why not?

Backpacker boy : Hmm··· It can be quite spicy.

Backpacker girl : No problem. Trust me. You don't know how much I love kimchi.

배낭족 소년 : 내가 점심 살게.

배낭족 소녀 : 오, 고마워.

배낭족 소년 : 이번엔 한국 음식 먹어볼래?

배낭족 소녀 : 좋아, 한번 먹어보자구!

배낭족 소년 : 음… 꽤 매울 수도 있어.

배낭족 소녀 : 문제없어. 걱정 마. 넌 내가 김치를 얼마나 좋아하는지 모르지.

오다가다 만난 여행자들끼리 친해지는 건 늘상 있는 일이다. 혹시라도 마음이 맞는 이성 친구를 만나면 식사에 초대하는 것도 더 친해지는 방법이다. 여기서는,

Let me treat you to lunch.

란 표현을 기억해두시라. 물론 그냥,

I'd like to buy you lunch today.

해도 된다. 밥 사겠다는데 싫어하는 사람 별로 없다. 가끔 그런 초대를 부담스러워하는 사람이 없진 않다. 개인적인 경험으로 돌아보면, 특히 일본인들의 경우엔 식사 대접 정도라도 신세지는 것을 부담스러워하는 사람들이 좀 있었다.

Backpacker boy : Which one do you want?

Backpacker girl : Well, let me see. I'd like to have this one. Fried rice with kimchi. Kimchibokumbap?

Backpacker boy : Nice choice. I want this one. Sundubu

Chige.

Backpacker girl : Sundubu Chige? What's that? I've never heard of it.

Backpacker boy : It's sort of a tofu soup, made of very soft tofu. Quite delicious, I think.

Backpacker girl : Sounds delicious! OK. Next time, I'll try it.

배낭족 소년 : 뭐 먹을래?

배낭족 소녀 : 음… 보자… 난 이거 먹겠어. 김치와 밥을 프라이한 김치볶음밥?

배낭족 소년 : 그거 좋지. 나는 이거 먹을래. 순두부찌개.

배낭족 소녀 : 순두부찌개? 그게 뭐야? 처음 들어보는데.

배낭족 소년 : 일종의 두부 스프야. 아주 부드러운 두부를 쓰지. 꽤 맛있어.

배낭족 소녀 : 정말 맛있을 것 같네. 좋아. 다음번엔 그걸 먹어보겠어.

Sounds ~라고 하면 '듣기에 ~하다'라는 뜻이다. 원래는 "That sounds good!" 하면서 "그거 참 좋은데!"라는 뜻으로 쓰던 걸, that을 생략하고 "Sounds good!", "Sounds bad!" 하는 식으로 쓰는 것이다. 물론 "Sounds delicious!" 하면 "맛있겠는데!"라는 뜻이다.

Waiter : Anything to drink, ma'am?

Backpacker girl : One Heineken for me, please.

Waiter : Big bottle or small bottle, ma'am?

Backpacker girl : Oh, for me? Big one, Definitely. ^^

Waiter : OK, ma'am, and you, sir?

Backpacker boy : Beer Leo, big one. Please.

웨이터 : 마실 건 뭘로 하시겠어요?

배낭족 소녀 : 하이네켄 한 병 주세요.

웨이터 : 큰 병과 작은 병이 있는데요. 어느 걸로 할까요?

배낭족 소녀 : 아, 저요? 물론 큰 병이죠. ^^

웨이터 : 알겠습니다. 남자분은 뭘로 하시겠어요?

배낭족 소년 : 리오 맥주로 주세요, 큰 병으로.

남녀노소를 불문하고 점심부터 맥주 마시는 여행자들이 의외로 많다. 물론 따라하라는 이야기는 아니다. 특히 상대가 낮부터 술 마신다고 해서 술이 약한 사람이 따라 마시면 곤란하다. 본인이 자신 없으면 과감하게 술을 사양해도 된다. 우리나라와는 달리 대부분의 외국에서는 술을 거절해도 이상하게 보지 않는다.

Waiter : 32 dollars, sir.

Backpacker boy : Oh, should I pay now?

Waiter : Yes, sir.

Backpacker boy : OK. Here you are.

Waiter : Thank you, sir. Do you need anything else?

Backpacker boy : No, I'm fine. And you Jane?

Backpacker girl : I'm fine too.

Backpacker boy : Oh, can you tell me where the toilet is?

Waiter : It's over there, sir.

Backpacker boy : I see. Thanks.

웨이터 : 32달러입니다.

배낭족 소년 : 어, 지금 계산해야 되나요?

웨이터 : 네.

배낭족 소년 : 오케이. 여기 있어요.

웨이터 : 감사합니다. 또 필요하신 건 없나요?

배낭족 소년 : 아뇨, 전 괜찮아요. 제인, 너는?

배낭족 소녀 : 나도 괜찮아.

배낭족 소년 : 아, 화장실은 어디 있죠?

웨이터 : 저쪽입니다.

배낭족 소년 : 알겠어요. 고마워요.

주로 여행자들을 상대로 하는 곳에는 드물게 선불을 요구하는 술집
이나 식당들이 있다. 가끔 먹튀 사고가 나서 그러는 건지… 어쨌건
"더 필요하신 건 없어요?"라고 물어왔을 때 "**No, I'm fine**(아뇨, 괜찮
아요)"이라고 대답한 것에 주목하라. "How are you?"에만 "I'm fine"
으로 대답하는 게 아니다. 한국어에서도 "더 드실래요?"라고 물을 때
"괜찮아요"라고 대답하는데, 영어에서도 비슷하게 대답하는 것이 좀
신기하다.

그리고 "**I see**"는 "알겠어요"라는 뜻이다. 특수한 상황에서는 "나는
본다"라는 단어 본래의 뜻으로 쓸 수도 있겠지만, 보통은 역시 "알겠
어요"로 쓰는 거다.

Backpacker : Can I buy the ticket to T island here?

Ticket booth guy : Sure. One way or round trip?

Backpacker : Round trip.

Ticket booth guy : It's 30 dollars. The boats leave at 11 am and 3 pm everyday. You can get any of them.

Backpacker : I can take any boat I want to?

Ticket booth guy : Yes. And you have to fill out this form.

Backpacker : OK, I finished this form. And here's the money.

Ticket booth guy : Thank you, have a nice trip!

배낭족 : 여기서 T 섬에 가는 표 사면 돼요?

매표소 아저씨 : 물론이죠. 편도, 왕복? 어느 쪽이에요?

배낭족 : 왕복이오.

매표소 아저씨 : 30달러입니다. 배들이 매일 오전 11시와 오후 3시에 떠납니다. 아무 배나 집어타면 됩니다.

배낭족 : 아무 배나 타면 된다구요?

매표소 아저씨 : 네. 그리고 이 서류 양식을 채워주세요.

배낭족 : 오케이. 다 썼어요. 그리고 여기 돈.

매표소 아저씨 : 감사합니다. 즐거운 여행 되시길!

여행 중 배를 타고 이동해야 할지도 모른다. 동남아시아에는 괜찮은

섬들이 많다. 배낭여행을 갈 때 한 번쯤 들러봄직도 하다.

fill out this form.

이라는 구문을 기억해두시라. '이 서류를 작성하라'는 뜻이다. 글자
그대로는 '이 문서 양식의 공란을 기입하라'에 가깝다.
One way가 편도, **round trip**이 왕복이란 건 아실 것이다. 편도 표
라는 뜻의 〈One way ticket〉이라는 노래도 있다. ^^

The boy meets a girl on the boat

Backpacker boy : Excuse me. May I…?

Backpacker girl : Sure. Be my guest.

Backpacker boy : Thanks. How are you?

Backpacker girl : Fine. Thanks. And you?

Backpacker boy : I'm also fine. I'm Jonghoon, from Korea.
You can call me Hoon.

Backpacker girl : Oh, nice to meet you. I'm Natalie from
France. You can call me Nathy. And… you are from
South or North?

배낭족 소년 : 실례합니다. 여기 앉아도 되나요?

배낭족 소녀 : 물론이에요. 앉으세요.

배낭족 소년 : 고마워요. 오늘 어떠세요?

배낭족 소녀 : 좋아요. 고마워요. 그쪽은요?

배낭족 소년 : 저도 좋아요. 전 한국에서 온 종훈이라고 해요. 훈이라고 불러주세요.

배낭족 소녀 : 오, 반가워요. 전 프랑스에서 온 나탈리예요. 나티라고 부르면 돼요. 그런데… 남한인가요, 북한인가요?

번역해놓고 보니 구석구석 어색하기 그지없다. 그만큼 이 대화가 한국어와 영어의 차이를 많이 보여주기 때문이다.

맨 첫 문장. "Excuse me. May I…?"는 문장만 봐서는 도저히 뜻을 알 수가 없다. '실례합니다'는 알겠지만, **May I…?**는 도대체 무엇일까? 말이란 항상 어떤 특정 상황에서 말해지는 것이다. 이 경우는 배에서 옆자리에 앉아도 되냐고 묻는 상황이란 걸 알지 못하면 뜻을 알 수가 없다. 다른 말로 하면, 그런 상황에서는 상대에게 그냥,

May I…?

해도 상대가 무슨 뜻인지 알아듣는다는 말도 된다. 상상해보라. 당신이 여러 좌석 중 하나에 앉아 있는데 어떤 사람이 오더니 옆의 빈자리를 가리키면서,

May I…?

라고 묻는다. 그건 당연히 "여기 앉아도 될까요?"라는 질문인 것이다. 실제로 "메이아이?"는 꽤 자주 써먹는 문장이다. 물론,

May I sit here?

하고 길게 물어도 전혀 문제없다.

앞의 간략한 번역이 이상하게 느껴지는 두 번째 이유는 모두 존댓말이기 때문이다. 원래의 영어 문장은 존댓말도 반말도 아닌 평어체라고 할 수 있다. 하지만 한글의 반말체로 번역해도 이상하고, 존대체로 번역해도 이상하다. 이건 두 언어 자체의 차이에 기인한 어색함이다.

어색함의 세 번째 이유는 한국어를 쓰는 문화에는 첫 만남에 "How are you?" 같은 질문을 하지 않기 때문이다. "안녕하세요?"가 그나마 비슷한 뜻이긴 하지만 어감은 완전히 다르다.
하지만 영어권에서는 첫 만남에서도 가끔 저런 인사말을 쓰고, 특히 여행자들끼리는 흔히 쓴다. 의외로,

How do you do?

라는 첫 인사말을 쓰는 이는 별로 없다.
그리고 자기 이름을 소개할 때는,

I'm Hoon.
My name is Hoon.
Call me Hoon.

등으로 하는 게 일반적이다.

다만 누군가 자기 이름을 소개하면서,

Call me Ishmael.

이라고 하면 농담으로 받아들이는 게 좋다. Call me Ishmael은 소설 「백경(Moby Dick)」의 유명한 첫 문장이기 때문이다.

Backpacker boy : South. Hey, there's no North Korean around here. They can't travel like us.

Backpacker girl : Of course not. ^^ So… are you traveling alone?

Backpacker boy : Yes, everytime. and you?

Backpacker girl : Me too, everytime. I love traveling alone. It's OK to go with a friend for a while. But I usually prefer being alone.

Backpacker boy : So do I. 'Two for a while' is OK. But all the time? I say No. By the way, Nathy. Been to this island before?

Backpacker girl : No, have you?

Backpacker boy : Actually once. 2 years ago.

Backpacker girl : Wow. Maybe I can get some information from you.

배낭족 소년 : 남한이지. 헤이, 이 근처에 북한 사람은 없어. 그치들은 우리처럼 여행 못 다니지.

배낭족 소녀 : 당근 그렇지. ^^ 그런데… 넌 혼자 여행하니?

배낭족 소년 : 응, 늘 그래. 넌?

배낭족 소녀 : 나도 그래, 항상. 난 혼자 여행하는 게 좋아. 잠깐씩은 친구랑 둘이 다니는 것도 괜찮지만.

배낭족 소년 : 나도 혼자 다니는 게 좋아. 잠깐씩 둘이 다니는 건 나도 괜찮아. 하지만 늘 그러는 건 싫어. 그런데 나티, 저 섬에 가본 적 있니?

배낭족 소녀 : 아니, 너는?

배낭족 소년 : 실은 2년 전에 한 번 가봤어.

배낭족 소녀 : 와. 그럼 너한테 미리 정보를 좀 들으면 좋겠네.

존댓말로 번역하니까 너무 어색해서 이번에는 반말체로 번역해보았다. 존댓말보다는 원어의 느낌에 가까운 것 같다.

하여튼 해외에서 "한국에서 왔어요" 하면 남한이냐, 북한이냐 묻는 사람들이 꽤 많다. 그때마다 대답해줄 수밖에.

그건 그렇고 첫 문장에서,

around here.

에 주목하라. **around**는 역시 '근처', '주변'의 느낌이다. "See you around!" 하면 "오다가다 또 봐!" 정도의 뜻이 된다. 그리고 중간의,

for a while

도 주목하라. '한동안'이라는 뜻인데, 정말정말 자주 쓰는 구문이니까 지금 당장 입으로 몇 번 말해보시라. '포러와일', '휘러와일'. **F**를 한글로 표시할 수 없으니 참으로 답답하도다!

Been to this island before?

는 "Have you been to this island before?"에서 **Have you**를 생략한 것이다. 앞서 be동사 공부할 때 공부했던 부분이니 만큼 복습하는 의미에서 다시 읽어보시라. 하여튼 그래서 대답이 "Yes, I have" 혹은 "No, I haven't"가 된다.

마지막으로 두 사람이 아직 서로에게 나이를 묻지 않은 것에 주목하라. 앞으로도 한동안 둘은 서로의 나이를 묻지 않을 것이다. 그게 국제적인 예의이다. 아주 친해지기 전까지는 나이를 묻지 마시라. 영원히 묻지 않아도 된다. 특히 당신이 남성이고, 상대가 여성이라면 첫 만남에서는 절대 묻지 마시라.

Backpacker boy : Sure. Why not. I can be your personal tour guide if you want me to. ^^

Backpacker girl : That's nice. Thank you in advance. ^^

Backpacker boy : You are totally welcome, in advance. And your English is very good.

Backpacker girl : Your English is good too.

Backpacker boy : Oh, thank you. But you know what? It's

quite hard for me to talk in English. This language is so different from Korean.

Backpacker girl : Yeah, I know. It's not easy for me, too. The accent, the English accent is hard for us frenches.

Backpacker boy : I see. Anyway, thanks to English, we can talk to each other. Isn't it nice?

Backpacker girl : Absolutely. So nice!

배낭족 소년 : 물론이지. 내가 너의 전용 가이드가 돼줄 수도 있어. 만약 네가 원하면 말이지. ^^

배낭족 소녀 : 그거 좋네. 미리 고마워. ^^

배낭족 소년 : 나도 미리 완전 웰컴이야. 근데 너 영어 되게 잘한다.

배낭족 소녀 : 너도 잘하네.

배낭족 소년 : 아, 고마워. 실은 있잖아, 나 영어로 말하는 거 꽤 힘들어. 한국어랑 너무 다르거든.

배낭족 소녀 : 알 것 같아. 나도 영어 하는 거 어려워. 발음이 달라서… 우리 프랑스인들에겐 영어 발음이 어려워.

배낭족 소년 : 그렇구나. 어쨌든 영어 덕분에 우리가 서로 대화할 수 있네. 좋지 않아?

배낭족 소녀 : 물론이지. 너무 좋아.

"Thank you in advance(미리 감사)"라는 표현은 배낭족 소녀가 반 농담으로 쓴 것이다. 대답으로 "You are welcome in advance" 하면 더 재치 있게 들릴 것이다.

참고로 프랑스, 이탈리아, 스페인 등 유럽 남부권 사람들이 상대적으로 영어에 약하다. 반면 독일, 네덜란드, 덴마크, 스웨덴 등 북부쪽 사람들은 거의 네이티브가 아닌가 할 정도로 영어 잘하는 사람들이 많다.

Renting a boat | Koh Phi Phi

Backpacker boy : Hi, good morning!

Boat guy : Good morning!

Backpacker boy : Can I make a reservation for snorkeling tour here?

Boat guy : Sure. When do you want to do that?

Backpacker boy : This afternoon. Is that OK?

Boat guy : Would you tell me exactly when you wanna do that?

Backpacker boy : 2 pm. would be OK.

Boat guy : How many persons?

Backpacker boy : Just two. Me and my friend.

Boat guy : Well··· Let me see··· OK, no problem. You are a lucky man. We have a boat available.

Backpacker boy : That's great. How much is it?

Boat guy : Hmm··· 10 dollars per hour. Usually we offer 3 hour tour.

Backpacker boy : Sounds good. And you give me all the equipments?

Boat guy : Sure, the snorkel and life jacket.

Backpacker boy : OK, should I come back here at 2?

Boat guy : No, you have to go to the Pier A at 2. And the captain will be waiting for you. His name is Tang, a tall black guy. And··· You have to pay the money now.

Backpacker boy : I see, here's the money. 30 dollars.

Boat guy : Thank you, This is the receipt. Have a good time~.

두세 명 정도의 소규모 인원이 스노클링이나 다이빙을 하기 위해서는 작은 보트를 빌리는 게 좋다. 괌이나 사이판 같은 곳은 매우 비싸지만 동남아시아에서는 그리 부담스러운 가격이 아니니까 시도해볼 만하다. 혼자일 때는 10명 이상 떠나는 대규모 투어에 합류하는 것이 비용이 싸게 먹힐 뿐 아니라 더 재미있다.
별로 어려운 내용이 아니니까 번역은 생략한다. 다만,

2 pm. would be OK.

란 문장에서 **would**를 주목하라. '~이면 좋겠다'란 의미로서 일종의 가정법인 것이다.

Hoon : Excuse me, I think I know you. A few weeks ago in Madrid···.

Naoko : Really? Ah··· Yes, yes. Museo del Prado!

Hoon : Si! Naokosan, right?

Naoko : Hai! Naokodesu! Sorry, I forgot your name.

Hoon : I'm Hoon, from Korea.

Naoko : Ah··· Hoonsan! I remember! How are you, Hoonsan?

Hoon : I'm good. And you? How have you been?

Naoko : I've been fine. Arigatou!

Hoon : Where did you go after Madrid?

Naoko : I went to Cordoba and Sevilla, and then went to Portugal. I stayed in Portugal for a week.

Hoon : Then you took a flight there?

Naoko : No, no. I crossed the country and went to Bilbao and San Sebastian. By the way, San Sebastian was fantastic. It's a kinda must-visit place.

Hoon : And then came to Barcelona?

Naoko : Yes. Yesterday.

Hoon : Oh, I came here a week ago.

Naoko : What did you do here?

Hoon : Just walked around, visited some famous sites like Sagrada Familia. And went to Toulouse and stayed there for two nights.

Naoko : Toulouse? France?

Hoon : Yes. It took about 4 hours by bus. Not very far.

Naoko : Hmm··· I see.

Hoon : How long are you gonna stay in Barcelona?

Naoko : Just 3 days more, then I'm flying to Rome.

Hoon : Oh, I see. I'm leaving here tonight.

Naoko : Really? Where to?

Hoon : Home.

Naoko : Home? You mean back home to Korea?

Hoon : Yes. Today is the last day of this trip.

Naoko : Oh, I don't know what to say.

Hoon : Hmm, see you again?

Naoko : Yeah, definitely, I want to see you again. And Buen Viaje!

Hoon : Buen Viaje, Naokosan.

오랫동안 배낭여행을 하다가 예전에 다른 곳에서 만났던 사람을 또 만나는 건 흔한 일이다. 주인공은 마드리드에서 만났던 나오코를 바르셀로나 몬주익 언덕에서 또 만난 것이다. 역시 별로 어려운 내용은 없다. 다만 두 사람은 스페인어와 일본어를 조금 섞어서 이야기했다.

- Si 예. | 스페인어

- Arigatou 고마워요. | 일본어

- Hai! Naokodesu! 네. 나오코입니다. | 일본어

- Museo del Prado 마드리드에 있는 프라도 미술관.

- Sagrada Familia 바르셀로나의 명물인 성당. 가우디의 역작.

- Buen Viaje! 즐거운 여행을! | 스페인어

Guesthouse | Kyoto

Hoon : Hi.

Gus : Hi. How are you?

Hoon : Fine, and you?

Gus : I'm good.

Hoon : Where are you from?

Gus : Eh⋯ I'm from Sweden.

Hoon : Wow. Very far from here. I'm from South Korea. Just two hours flight. ^^ By the way, Kyoto is amazing, isn't it?

Gus : Yeah, I love Kyoto. The temples. Old wooden buildings. Maikos of Gion. Inari Taisha. Philosopher's road. Everything.

Hoon : I totally agree with you. The only thing I feel bad about is, I have to leave here soon.

Gus : When did you come here?

Hoon : Yesterday.

Gus : Then, when are you gonna leave here?

Hoon : In 5 days.

Gus : Oh, you are going to another city?

Hoon : Well, I'm going back home. I have one-week vacation.

Gus : I'm sorry to hear that. But till then, you gotta have fun as much as you can.

Hoon : Right. Thanks. By the way, my name is Hoon.

Gus : Oh, didn't I tell you my name? I'm Gus.

Hoon : Gus? G. U. S?

Gus : Yes. Gus. Everybody calls me Gus. ^^

Hoon : Nice to meet you, Gus.

Gus : Nice to meet you, too.

Ursula : Hey, Gus. What's up?

Gus : Oh, I was talking to Hoon. He's from Korea. Hoon, this is Ursula. She's from Germany.

Hoon : Hi, how are you, Ursula?

Ursula : Good. and you?

Hoon : Fine.

Ursula : You are from Korea?

Hoon : Yes.

Ursula : Wow. You are the first Korean guy I've ever met.

Hoon : You are the first German girl I've ever met. ^^ And··· I have a question.

Ursula : ?

Hoon : Is every girl in Germany so pretty like you?

Ursula : Oh, you're kidding. ^^

Hoon : Nope. I'm not kidding. ^^

Ursula : Anyway, Thank you very much. I'm much flattered.

Hoon : By the way. So··· You guys didn't know each other before?

Ursula : No, we met here in this place half an hour ago.

Hoon : Half an hour ago?

Ursula : Yes.

Hoon : I see. And you are travelling alone?

Ursula : Yes, I am.

Gus : No, I'm with my girlfriend. Her name is Anna.

Hoon : Where's she?

Gus : Over there, drinking water. You see? (Waving a hand) That girl. She's smiling at me.

Hoon : Oh, I can see her.

숙소에서 혼자 고독을 즐기는 것도 좋지만, 이왕이면 다른 나라에서 온 사람들과 어울려보라. 생각보다 어렵지 않다. 이 책을 지금까지 차분히 읽은 당신이라면 아마 가벼운 대화를 나누는 것 정도는 문제

없을 것이다.

- Maikos of Gion 일본 교토 기온 지역의 견습 게이샤를 '마이코'라고 한다.
- Inari Taisha 교토 부근의 유명한 신사.
- Philosopher's road 철학자의 길. 교토의 유명한 산책로.
- I'm sorry to hear that 그것 참 안됐구나. "Sorry to hear that"의 반대말은 "Good to hear that", 그것 참 잘됐구나.
- you gotta have fun as much as you can 넌 즐길 수 있는 만큼 최대로 즐겨야 해.
- Is every girl in Germany so pretty like you? 독일 여자애들은 모두 너처럼 예쁘니?
- Oh, you're kidding 너 농담하는 거지. 이때 'kid'가 '농담하다'라는 뜻의 동사로 사용되었다. 자주 사용하는 문구이니 여러 번 읽어 보시라.
- I'm much flattered 글자 그대로는 '나는 아주 많이 아부 받았어'지만, 실제 어감은 "많이 띄워줘서 고마워" 정도다.
- Over there 저쪽에. 역시 자주 사용하는 문구이다.

At a salad bar in Chiang Mai

태국 '북부의 장미' 치앙마이에서 여행 중인 훈은 숙소에서 만난 에바와 함께 솜펫 시장에 있는 샐러드 바에 간다.

Eva : This is amazing. This is only 50 bahts?

Hoon : Yup. Only 50 bahts.

Eva : Mango, dragon fruit, banana and other fruits with yogurt! It would be more than 20 dollars in the States.

Hoon : I guess so. But it's not so expensive in Dominica, is it?

Eva : I don't know about Dominica. I'm from Dominican Republic. Different country.

Hoon : Sorry, Eva.

Eva : That's OK. Nobody knows which is which.

Hoon : I see. You are originally from Dominican Republic and studied psychology in New York, right?

Eva : Right. And I know the fruits are not very expensive in Dominican Republic, but fruit salad in a restaurant? I'm not sure. I guess something like this would be about 3 times expensive.

Hoon : I see.

Eva : How'bout Korea? Things are expensive?

Hoon : Yeah, very. This would be more than 20 US dollars in Korea.

Eva : Expensive⋯ But it's OK for you Korean people. Because Koreans are rich, right?

Hoon : No, I don't think so. It's quite tough to live in Korea. Usually, you don't make much money in Korea.

Yes, some are very rich, but most of us are not. And you know what, Koreans work for the longest hours in the world.

Eva : Really? Wow. That's too bad.

Hoon : Yeah, except weekends and national holidays, a normal Korean worker gets just one week holiday in a year.

Eva : Unbelievable. Even Americans get almost 4 weeks. You know, Europeans, more than six weeks a year.

Hoon : Yeah, I know.

Eva : You are right. Koreans work too much.

Hoon : That's why I'm trying to get a job overseas.

Eva : You should, I think.

Hoon : By the way, you told me you don't wanna work in your country. Why?

Eva : A lot of reasons.

Hoon : Tell me one.

Eva : Well, you know, Dominican Republic is a very small country. Geographically small, you know, we share an island with Haiti. But psychologically it's smaller, maybe smallest in the world. Everybody knows everybody.

Hoon : Suffocating.

Eva : Exactly. And the culture. I think we are still far from being civilized. You know what? We Dominicans always make fun of Haitians. Because they have Voodoo. But actually we have same thing. Just different name.

Hoon : Really?

Eva : Yeah. If a husband leaves a wife, the woman goes to a shaman-like person. Mama or Caballo. Then ask him or her to hold a ritual to get her husband back. And the Shaman even curses the bitch who took her husband away, you know, by cutting a hen's throat.

Hoon : Yeah, it's Voodoo. What do you call it in your country?

Eva : Santeria or los Palos.

Hoon : I see. We have a similar thing in Korea too. But not very popular.

Eva : Santeria is very popular in Dominican Republic.

Hoon : Interesting.

도미니카와 도미니카공화국은 다른 나라다. '공화국'이란 용어 빼고는 이름이 같은데도 확실히 다른 나라다. 지도를 보면, 쿠바와 자메이카의 바로 동쪽에 큰 섬이 하나 있는데 그 섬의 동쪽이 도미니카공화국이고 서쪽이 아이티이다. 두 나라는 서로 붙어 있지만 꽤 다른데, 도미니카공화국은 스페인어를 쓰고 아이티에선 프랑스어를 쓴다.

이 섬 동쪽에 푸에르토리코가 있고, 푸에르토리코의 동남쪽으로 여러 섬들이 군도를 이루고 있는데 그 섬들 중 하나가 도미니카 혹은 도미니카연방으로 불리는 나라이다. 확실히 도미니카공화국과는 다른 나라인 것이다.

- Nobody knows which is which 아무도 어느 게 어느 건지 몰라.
- You are originally from ~ 넌 원래는 ~ 출신인데….
- something like this would be about 3 times expensive 이런 건 가격이 세 배 정도 될 거야.
- How'bout Korea? 한국은 어때? '하으밧코리아?' 정도의 발음.
- It's quite tough to live in Korea 한국에서 살기가 꽤 팍팍해.
- Suffocating 숨 막히겠네.
- We Dominicans always make fun of Haitians 우리 도미니카 사람들은 항상 아이티 사람들을 놀리지.
- Voodoo 아이티의 원시종교. 우리나라의 무속 신앙보다 좀 더 으스스한 구석이 있다.
- the Shaman even curses the bitch who took her husband away, you know, by cutting a hen's throat 무당은 심지어 남편과 바람난 년을 저주하기도 해, 닭 대가리를 잘라서 말이야.

요즘 들어 한류의 영향인지 한국에서도 외국인 배낭족들을 제법 만날 수 있다. 인터넷과 SNS의 발달로 이미 한국인 친구를 두고 한국에 찾아오는 외국인들도 꽤 많다. 특히 인터팔 같은 펜팔 사이트는 한국인 친구를 찾는 외국인들로 가득하다. 배낭여행 출발 전에 그런 사이트에서 온라인 친구를 만들어놓고 가는 것도 좋은 생각이다.

마지막으로 한국을 찾아온 외국인과 만난 주인공의 이야기를 보자.

Minjung : 훈이 왔구나… 일루 앉아.

Minjung : This is Hoon, and this is Jane.

Jane : Hoon? Nice to meet you.

Hoon : Nice to meet you too, Jane. You are the most beautiful person I've ever met. ^^

Jane : No kidding. ^^ You are the clumsiest liar I've ever met. ^^

Minjung : Yes, he is!

Hoon : Maybe. But usually I don't lie to a beauty. ^^

Jane : Oh, come on….

Hoon : Well… Where are you from?

Jane : I'm from Australia.

Hoon : Oh, down under? My sister lives down there.

Jane : Really? Whereabout in Australia?

Hoon : Melbourne. You've been there?

Jane : Yes, I have. Nice city.

Hoon : I haven't. Maybe I'll visit my sister this year.

Jane : Thats' good to hear. Does she go to a school there?

Hoon : No, she's working as a secretary, she told me.

Jane : Oh, I see.

Hoon : So··· Whereabout in Oz are you from? Jane?

Jane : Sydney. Minjung and I met at a college there.

Minjung : MIS 수업을 같이 들었어.

Hoon : MIS? 그게 뭐야?

Minjung : 경영 정보 시스템, 뭐 그런 게 있어.

Hoon : So··· you came to Korea recently?

Jane : Yes. I came here a week ago, and I am gonna stay for a month.

Hoon : First time to Korea?

Jane : Yes, this is my first time to Korea.

Hoon : Do you like it here?

Jane : Yeah, I did some sightseeing, went to Sorak mountain and visited temples. Gosh, I really like buddhist temples, they look so classy and beautiful.

Minjung : 백담사랑 작은 절 한 군데에 갔었어. 같이.

Jane : Yes. It was Pack-Tam-Sa and Tock-Joo-Sa, right?

Minjung : I don't remember the name of the other one.

Hoon : I love temples too.

Minjung : By the way, what are you guys gonna do next?

Hoon : Mmm… How about beer? Or dance?

Jane : I like both ^^

Hoon : OK, I gotta tell you I know a really cool place nearby.

- You are the clumsiest liar I've ever met 넌 내가 만난 가장 서투른 거짓말쟁이야.

- Maybe. But usually I don't lie to a beauty 아마 그럴지도. 하지만 보통 나는 미인 앞에선 거짓말 안 해.

- Oh, come on… 아, 제발….

- down under 오스트레일리아를 가리키는 속어이다. 아래쪽에 있다고 해서 이런 표현이 나온 듯하다. Oz 역시 오스트레일리아를 가리키는 속어.

- whereabout in ~? '~의 어디?'란 뜻이다. 서울 살아요? 서울 어디예요? 이럴 때는 당연히 "Whereabout in Seoul?"

- First time to Korea? 한국엔 처음이니?

- Do you like it here? 여기가 좋아? "Do you like here?"가 아니라는 점에 유의할 것!

- How about beer? 맥주는 어때?

– They go to a bar

Jane : What's this thing called?

Minjung : It's Nogari, dried fish. Not bad. Why don't you try it?

Jane : What sort of fish?

Minjung : It's called Myungtae in Korean. I don't know the English name of it. Anyway, it tastes good.

Jane : OK, I try. Uhmmm, not bad.

Minjung : (훈에게) 제인 예쁘지?

Hoon : 응. 그러네.

Minjung : 생각 있어?

Hoon : 음… 글쎄….

Jane : Hey, what are you guys talking about? In English, please!

Hoon : Nothing. Just nothing.

Jane : Nothing what? Darn… I should have learned Korean….

Minjung : He wants to know if you have a boyfriend.

Jane : Really? No, I don't.

Hoon : No, she's lying. I didn't say that.

Minjung : No, he didn't. Yes I lied But… Anyways I think he finds you very attractive.

Hoon : Oh, come on~. ^^

PART 5 실전 여행 회화

Minjung : Hey, it was you who said Jane is the most beautiful girl you've ever met!

Jane : Don't you think I'm attractive? ^^

Hoon : Sure, I do. But⋯ Hey, what's going on here? ^^

Minjung : OK, OK, I'm sorry. By the way, this place is cool.

Jane : Yeah, especially the music. I love the blues.

Hoon : So do I! My favorite is Eric Clapton.

Jane : You do? Wow. Eric is my fav, too!

Minjung : Something's gonna happen.

Jane : How about Janis Joplin? She is my next favorite.

Hoon : 'Me and Bobby McGee'. That's the best, I think.

Jane : No kidding! That's my favorite. too!

Hoon : (shrug) ^^

Minjung : You are meant for each other. Go get a room. ^^

Jane : Maybe we should⋯. ^^

Hoon : −_−;;

Jane : Maybe next time. ^^

Hoon : Maybe next time. ^^ By the way I gotta go to the toilet.

- Why don't you try it? 먹어봐. try는 '해보다'쯤에 해당하는 단어다. 먹어보다, 입어보다 등등. 자주 쓰는 표현이니까 익숙해지도록.
- Darn⋯ I should have learned Korean⋯ 젠장⋯ 한국말 배워둘걸. Darn은 Damn보다 조금 부드러운 한탄이다.

- he finds you very attractive 그가 너를 매우 매력적이라고 생각해. 이때 find는 '찾다'가 아니다.
- anyways '어쨌든(anyway)'이란 뜻인데, 이상하게도 요즘은 구어체에서 anyways 혹은 neways라고 쓰는 경우가 많다.
- Hey, what's going on here? 이봐, 도대체 무슨 일이야?
- You are meant for each other. Go get a room 천생연분이네, 방 잡아. 물론 농담으로 하는 말이다.

- Girl talk

Jane : He's cute.

Minjung : You think so?

Jane : Yes, I do.

Minjung : Last time I checked, he had no girlfriend.

Jane : Thats good to hear. By the way, You had your hair done today?

Minjung : You just noticed it? My gosh, It doesn't look different at all then! right?

Jane : Hmm⋯ Slightly different. Anyway, looks good.

Minjung : Slightly, what do you mean by 'slightly'? That means there is not enough difference?

Jane : No, No, I didn't mean that. As a matter of fact, this look is definitely better than before. It's kinda⋯ way cool.

Minjung : I don't believe you.

Jane : Trust me. Or ask Hoon.

Minjung : You are kidding. Guys don't know nothing about this kind of things.

(Hoon came back to the table they sat.)

Minjung : Welcome back, Hoon.

Hoon : What are you talking about?

Minjung : Nothing. Just small talks, Girl things.

Hoon : (murmuring) Small talks, girl things.

Hoon : OK, anybody wants more beer? I'll order one more.

Jane : Oh, make it two.

Minjung : I'm fine.

Minjung : By the way, this time gotta go away for a while.

Jane : (whispering to Minjung) Your hair is perfect. Don't worry.

- Last time I checked 마지막으로 체크해봤을 때는. 우리말로는 좀 이상하지만 영어에서는 흔한 표현이다. 이를테면 "마지막으로 체크해봤을 때, 이 나라는 민주주의 국가였어. 그러니 내 자유롭게 말하겠는데…" 이런 식이다.

- It's kinda… way cool kinda는 kind of의 줄임말이다. '어떤 종류의'란 뜻이 아니라 우리말로 치면 "그게 그러니까" 정도에 해당하는 '한 템포 죽여 말할 때 쓰는' 표현이다. 비슷한 것으로 sort of가

있다. way cool = so cool = very cool. 구어체에서는 so, very 등을 대신해 way를 쓸 때가 많다.

- Small talks, girl things 영어로 단어 만드는 건 생각보다 쉽다. '별것 아닌 이야기'를 영어로 표현해보라. 복잡하게 생각하면 답이 안 나온다. 여기서처럼 그냥 'small talk'면 된다. 여자들끼리 이야기는? girl talk. 여자들만의 문제는? girl thing. 매우 쉽다.

- make it two 두 개로 해줘.

- I'm fine 난 됐어. (내 맥주는 주문하지 마.) 한국어에서와 비슷한 표현이다.

- About movies

Hoon : You love music. You love movies too?

Jane : Yes.

Hoon : Seen any movies lately?

Jane : Yeah, 'The Hobbit' and 'Taken 2'.

Hoon : How were they?

Jane : 'The Hobbit' was awesome. But 'Taken 2' was so so.

Hoon : I saw both of them too. but I like 'Taken 2' better than 'The Hobbit'.

Jane : Really? Maybe you are not into fantasy flicks.

Hoon : Maybe. By the way, you saw the 'TaeGukGi', the

war movie?

Jane : No, I didn't.

Hoon : Wow, it is really awesome. It's 10 times better than 'Saving Private Ryan'. I think.

Jane : What's it about?

Hoon : War. Korean war. To be exact, it's about two brothers who fought in the Korean war.

Jane : Tell me more.

Hoon : Well. These guys don't want to be soldiers, but they are forced to fight in the war. And the big brother finds out that if he becomes a war hero and wins a medal, he can get his little brother to be sent home safely.

Jane : You mean, get him discharged from military service?

Hoon : Yes, that's what I mean.

Jane : OK, go on.

Hoon : So, this guy fights real hard and tough, volunteering in every suicidal mission, only to be a war machine, or let me say, a crazy war animal. So the little brother starts to hate him···.

Jane : Hmm··· Sounds very interesting···.

Hoon : I wanna tell you more about this film but I don't

think it'd be good for you. I mean, spoilers.

- you are not into fantasy flicks 넌, 판타지 영화를 별로 안 좋아하나봐. '~be into'는 ~를 좋아하다, ~에 관심이 있다 등의 뜻으로 자주 쓰이는 표현이다. "I'm into fishing", "난 낚시를 좋아해". "I'm not into skiing", "난 스키 별로야". 이런 식이다.
- What's it about? 글자 그대로 해석하면 "그게 무엇에 관한 거야?"쯤 된다. 생각보다 자주 쓰이는 표현이다. 이를테면 당신이 본 영화, 드라마, 책 이야기를 꺼내면 상대는 대뜸 "What's it about?"이라고 물어올 것이다. 그러면 "It's about ~" 이런 식으로 대답하면 된다.
- I mean, spoilers 그러니까 내 말은, 스포일러 때문에…. 아시다시피 mean은 진심을 뜻할 때 쓰는 단어다. "That's what I mean", "그게 바로 내가 말하는 뜻이야". "Get out! I mean it", "나가! 진심으로 하는 말이야". 이런 식이다. 그런데 의외로 자주 쓰게 된다. 대화 중에 조금 강조할 필요가 있을 때 쓰기도 하고, 지금처럼 "그러니까 내 말은…" 식으로 상대의 오해를 방지하기 위해 쓰기도 한다.

Are you ready?
Let's go
see the world!